Waltraud Büschgen

Die Welt ist meine Heimat

AF198433

Biografie
www.DeineBiografie.com

DIE AUTORIN

Waltraud Büschgen kommt 1940 in Unterfranken zur Welt. Nach Kindheit in Krieg und Nachkriegszeit erlebt sie die 1950er-Jahre als Heranwachsende und macht sich 1960 als eines der ersten jungen Mädchen auf, die deutsche Provinz gegen die Verheißungen New Yorks auszutauschen. Australien und Südafrika werden zur Heimat auf Zeit und legen den Grundstock für ein Leben, das die Welt zur Heimat hat.

Waltraud Büschgen

Die Welt ist meine Heimat

Lebenserinnerungen
einer Reisenden

© 2021 Waltraud Büschgen

Buchkonzept & Text:
Silwen Randebrock I www.DeineBiografie.com

Covergestaltung: Lea Randebrock
Verlag und Druck:
tredition GmbH, Halenreie 40-44, 22359 Hamburg

ISBN
Paperback:978-3-347-39509-1

Inhalt

„Ich kann mich nicht entsinnen, dass mir jemals
langweilig gewesen wäre"   WB

Anmerkung:
Sämtliche Namen noch lebender und potenziell identifi-
zierbarer Personen wurden aus presserechtlichen Gründen durch ein Pseudonym ersetzt.

Kindheit

IM PARADIES

Ich sehe mich in unserem großen Garten hinter unserem Haus. Ein üppiges Paradies, in dem meine Mutter vom frühen Frühling bis in den späten Herbst zu tun hatte, und ich, das Kleinkind, immer in ihrer Nähe. Vor meinen Kinderaugen erstreckten sich sorgfältig gepflegte Gemüsebeete, in denen Karotten, Kartoffeln, Spargel, Radieschen und Tomaten gediehen. Am Rande die Beerensträucher, Johannisbeeren, rote, schwarze, und Himbeeren, von denen wir Kinder immer naschen durften. Der riesige hintere Teil des Gartens verwandelte sich jeden Frühling in ein Blütenmärchenland. Hier standen die Obstbäume, von denen wir über den Sommer riesige Mengen Kirschen, die bei uns Weichseln genannt wurden, viele Sorten Äpfel, Birnen, Quitten, Mirabellen und Zwetschgen ernteten. Ich erinnere mich an die Weinlaube, wo im Herbst kleine, feste, dunkle Trauben reiften, deren Kerne wir in die Wiese spuckten. Und vor dem Haus stand ein Pfirsichbaum, an dem sich köstliche kleine Früchte mit weichem Flaum der Sonne entgegenreckten. Meine Eltern hatten ihn aus einem Kern gezogen, den sie als frisch verliebtes Paar aus Verona mitgebracht hatten.

Wir wohnten im Stadtteil Oberndorf in der Würzburger Straße 34. Meine Eltern hatten das Haus 1933 zu Beginn ihrer Ehe am Stadtrand von Schweinfurt gebaut. Ein einfaches Haus mit drei Etagen, das bis zum Ende ihres Lebens ihr Heim bleiben sollte. Im ersten Stock wohnten wir.

Elternhaus in Schweinfurt

Die Wohnung im Parterre war vermietet und in der obersten Etage rechts lebten auf engem Raum später mein Großvater und meine Großmutter und links Tante, Onkel und Cousin Erich väterlicherseits.

Ich war das zweite und letzte Kind meiner Eltern. Meine Geburt am 6. Mai 1940 bedeutete eine schmerzhafte Überraschung für meine drei Jahre ältere Schwester Hannelore. Jäh wurde sie vom Prinzessinnenthron gerissen, und alle Aufmerksamkeit konzentrierte sich plötzlich auf dieses neue kleine Bündel Mensch, ein Umstand, der unsere schwesterlichen Beziehungen über unsere gesamte Kindheit und Jugend prägen sollte.

Unsere Eltern hingegen freuten sich an ihren beiden Töchtern und kümmerten sich hingebungsvoll um uns.

Obschon draußen ein Weltkrieg wütete und die Erwachsenen gewiss zahllose Sorgen hatten, von denen wir nicht einmal ahnten, gehörten ausgelassene Spiele, Basteleien und Familienausflüge zum Alltag unserer Kleinkinderzeit. Vater las uns die Märchen der Gebrüder Grimm vor, deren Gestalten unsere Fantasie beflügelten. So weit, dass wir zwei – höchstens drei und sechs Jahre alt – uns eines Tages allein auf den in meiner Wahrnehmung unendlich weiten Weg zu Vaters Büro machten, uns unter seinem Fenster aufstellten und aus voller Kehle „Eisenhans, Eisenhans" riefen.

KRIEG

Am 17. August 1943, einem strahlend schönen Sommertag, erreichten amerikanische Jagdbomber Schweinfurt und warfen rund 1200 Spreng- sowie 1800 Brandbomben über meiner Heimatstadt ab. Operation Double Strike war der Codename der ehrgeizigen Luftoperation, die die Kugellagerindustrie in Schweinfurt und den Flugzeughersteller Messerschmitt in Regensburg lahmlegen sollte. Mein Vater arbeitete bei Fichtel & Sachs, die mit rund 7000 Angestellten neben Naben und Kugellagern auch Rüstungsprodukte herstellten und deren Produktionsstätten das wichtigste Ziel der Alliierten waren. Vierundzwanzig Minuten später war nichts mehr wie vorher. Nicht nur das Industrieviertel war in dichten Rauch gehüllt, es brannte in der ganzen Stadt.

Mein Vater war trotz des weithin tönenden Fliegeralarms in seinem Büro geblieben. Als er wieder zu sich kam, fand er sich alleine unter Trümmern wieder. Es gelang ihm, sich aus eigener Kraft zu befreien und unter

Schock zur städtischen Rettungsstelle zu laufen. In einem Park begegnete er einer Schulklasse, deren Schulgebäude vor ihren Augen kollabiert war. Der Lehrer bat die Kinder: „Helft doch bitte diesem alten Mann."

Jetzt erst nahm mein Vater wahr, dass er schwere Verbrennungen davongetragen hatte und staub- und rußbedeckt mit seinen siebenunddreißig Jahren wie ein Greis aussah. Da die städtischen Kliniken ebenfalls von Bomben getroffen waren, wurde er nach Würzburg ins Krankenhaus transportiert. Meine Mutter machte sich wenige Tage später mit mir auf, ihn zu besuchen. Ich war zu klein, um richtig zu verstehen, was passiert war, aber ich erinnere mich an schwelende Ruinen und beißenden Brandgeruch.

OBEREISENHEIM

Meine Mutter kam aus dem Dörfchen Obereisenheim, rund dreißig Kilometer mainaufwärts südlich von Schweinfurt gelegen. Hier befand sich das zauberhafte Haus meiner Großmutter. Um Verwirrungen zu vermeiden, nannten wir sie nach ihrem Wohnort *Oheim*, die Mutter des Vaters hingegen war *Oma*. Obereisenheim war Schauplatz vieler glücklicher Kindheitserinnerungen. Oft kamen wir dorthin zu Besuch und nach dem großen Angriff auf Schweinfurt, als mein Vater verletzt wurde und weitere Angriffe zu befürchten standen, zog meine Mutter mit uns Mädchen bis zum Kriegsende ganz aufs Dorf.

Das Großelternhaus sehe ich noch vor mir. Die winzig kleine Küche. Darin ein Herd, den mein Onkel, der Herdfabrikant in Verona, extra für diesen Raum hatte anfertigen lassen. Darauf prangte der markante Schriftzug: *Bohlig*

Herd – weltbegehrt. Im Gegensatz dazu hatte das sogenannte gute Zimmer in meinen Kinderaugen palastähnli-
che Ausmaße. Ein schwarzer Flügel stand darin und die
Biedermeiermöbelgarnitur mit ihren auf Hochglanz polierten Lackoberflächen, die unser Großvater dem Dorf-
apotheker abgekauft hatte, verliehen dem Raum etwas Edles und Ehrfurchtsgebietendes. Als ich später mit erwachsenen einundzwanzig Jahren das Haus erneut besuchte,
war ich erstaunt, wie sehr der riesige Raum meiner Kin-
derzeit geschrumpft war.

Im Hause meiner Großmutter gab es keine Wasser-Toi-
lette. Am hinteren Ende der Abstellkammer, verborgen
hinter Türmen aus Kruscht und Krempel, sah man in der
Ecke einen roten Vorhang, edel und schwer wie aus einem
Schloss. Dahinter verbarg sich Großmutters Thron. Wir
Kinder haben ihn nicht benutzt, zu groß war unsere
Furcht, hindurchzufallen. Für uns gab es ein Töpfchen.

Natürlich lag hinter dem Haus ein großer Obst-, Beeren-
und Gemüsegarten. Die Bäume waren im Frühjahr von
weißen Schleiern überzogen und spiegelten sich im Wasser eines kleinen Bassins. Als Krabbelkind war ich hier einmal hineingefallen, und die Großmutter hatte alle Mühe,
mich brüllendes und zappelndes Etwas mit ihrem Stock
aus dem Wasser zu fischen.

An heißen Sommertagen gingen wir Kinder gerne an
den Main hinunter. Um dorthin zu kommen, musste man
eine große Wiese überqueren, auf der Gänse weideten.
Lange Zeit hatte ich dabei schreckliche Angst vor einem
großen weißen Ganter, der mich einmal wild zischend und
mit den Flügeln schlagend verfolgt hatte.

Eines Tages nahmen meine Schwester und meine Cousine mich einfach mit ins tiefe Wasser.

„So, jetzt schwimmste!"

Natürlich bin ich untergegangen. Es gelang ihnen, mich aus der Strömung zu angeln, und sie bläuten mir ein:

„Sag bloß niemandem was!"

Tatsächlich habe ich nie jemandem davon erzählt, aber ich weiß es heute noch. Anstatt jedoch Angst vor dem Wasser zu haben, schwor ich mir: Du lernst schwimmen!

Auch meine Mutter wollte, dass wir beizeiten schwimmen lernten. Zwei Brüder ihres Vaters waren als Kinder im Main ertrunken. Folglich hatte dieser all seinen Kindern strikt verboten, überhaupt an den Main zu gehen. Wer es dennoch tat, bekam eine Tracht Stockhiebe. Auch andere Vergehen ahndete der Großvater, wie die meisten Väter seiner Generation, mit dem Knüppel. Meine Mutter schrie dann immer: „Mei' Hösle, mei' Hösle!", und schwimmen lernte sie nie.

Als Konsequenz beschloss mein Onkel, der Herdfabrikant: „Meine Kinder werde ich nie schlagen. Ich habe schon genügend Schläge für sie mitgekriegt!", und auch meine Eltern versuchten, ohne körperliche Strafen auszukommen.

GROSSVATER

Mutters Vater leitete die Königlich Bayerische Postfiliale in Obereisenheim. Daneben führte er einen kleinen, aber wohlsortierten Gemischtwarenladen, in dem man alles bekam, was man im Dorf so brauchte. Er war rundum praktisch begabt und hatte Spaß daran, allen seinen Konstruktionen eine individuelle und künstlerische Note aufzusetzen. Für meine Schwester und mich baute er ein hinreißendes Puppenhaus, aber auch am Haus und im Garten betätigte er sich kreativ. Besonders gut konnte er mit Metall umgehen, und so kam es, dass sein Grundstück von ungewöhnlich schönen schmiedeeisernen Zäunen eingegrenzt wurde. So schön, dass man sogar Ansichtskarten davon fertigte.

GROSSMUTTER

Großmutter Oheim kam aus einer Winzerfamilie, und so gehörte ein großer ererbter Weinberg zum Anwesen, den man natürlich selbst bewirtschaftete. Sie war eine arbeitsame resolute Frau, immer die schnellste Arbeiterin im Weinberg. Nebenbei versorgte sie Haus und Garten, und sobald sie sich einmal setzte, nahm sie das Strickzeug zur Hand. Zu kaufen gab es während des Krieges nichts, und so tauschte sie Gestricktes gegen Milch und Butter von den Bauern.

Sie versuchte mir kleiner Vierjähriger das Stricken beizubringen. Ich mühte mich nach Kräften ab, aber die Maschen mochten einfach nicht auf der Nadel bleiben. Meine Nachbarsfreundin Irene, die mit mir eingewiesen wurde, stellte sich viel geschickter an.

Später fiel Großmutter das Gehen sehr schwer. Um weiterhin ihren Garten bestellen zu können, fuhren wir Kinder sie in einem Leiterwagen über die Straße.

DIE NAZI-TANTE

Vollkommen selbstverständlich war es für mich, zu sehen wie sich die Erwachsenen auf der Straße mit „Heil Hitler!" begrüßten. Zu Hause aber hielt man nichts von diesen Dingen und auch auf der Arbeit gab mein Vater sich offenbar wenig Mühe, seine kritische Haltung zu verbergen. Als seine Kollegen ihn am 9. November 1938, dem Abend, der als Reichskristallnacht in die Geschichte eingehen sollte, aufgefordert hatten, an ihrer Seite in die Stadt zu ziehen, um das Spektakel mitzuerleben, sagte er:

„Nein, das ist nichts für mich."

Auch später entrutschte ihm wohl hin und wieder eine kritische Bemerkung. Das veranlasste einen linientreueren Kollegen ihn zu warnen:

„Du lebst gefährlich. Denk an deine Kinder!"

Eben jene Menschen klagten ihm nach dem Krieg ihr Leid, weil sie im Zuge der Entnazifizierung mit Arbeitsverboten belegt worden waren.

Eines Tages, ich war gerade einmal vier Jahre alt, hatten wir Besuch von einer Schwester meiner Mutter, die war eine „Nazi". Mein Vater arbeitete, seit er sich von den Folgen seiner Verschüttung erholt hatte, in Österreich, wo Fichtel und Sachs eine weitere Niederlassung hatte. Im Sommer weilte er gerade auf Urlaub in der Heimat. Am Vortag, dem 20. Juli 1944, war das Attentat auf Hitler verübt worden, und meine Tante fragte aufgeregt:

„Na, was sagt man denn in Schweinfurt dazu?"

Mein besonnener Vater meinte:

„Das sage ich dir lieber nicht".

Die Tante jedoch fragte beharrlich nach, und schließlich meinte er:

„Ach hätten sie ihn doch erwischt!"

Die Tante schnaubte entsetzt:

„Das werde ich dem Bauernführer melden!"

Mutter und Großmutter beschworen sie weinend:

„Willst du etwa, dass die Kinder ihren Vater verlieren? Du weißt ganz genau, was sie mit ihm machen werden, wenn du das anzeigst!"

KINDERGARTEN UND DORFFREUNDIN IRENE

Mit vier Jahren war ich endlich alt genug für den Dorfkindergarten. Ich war gespannt auf die vielen anderen Kinder, mit denen ich spielen sollte. Die Vorfreude wich schnell herber Enttäuschung. Ich, das Mädchen aus der Stadt, fand nicht so richtig Anschluss und die Kinder hänselten mich mit meinem Namen.

„Die Waltraud traut sich in den Wald!"

Schluchzend kam ich nach Hause und berichtete meiner Mutter, dass die anderen Kinder über mich lachten:

„Mama, ich will einen anderen Namen!"

Damals wurde Waltraud zu Traudl und so blieb es bis heute. In den Kindergarten ging ich trotzdem nicht gerne und suchte jeden Vorwand, um zu Hause bleiben zu dürfen.

Umso lieber spielte ich mit Irene, die über viele Jahre meine beste Freundin blieb und mit der ich fast alles zusammen machte. Ihre Großeltern wohnten auf der gegenüberliegenden Mainseite, wo sie die Mühle besaßen. Hinüber kam man mit einer kleinen historischen Seilfähre, die bei Bedarf verkehrte. Irene öffnete für mich einmal die Türe zur guten Stube der Mühle einen Spaltbreit und ließ mich kurz hineinlinsen. Meine Augen fielen auf einen funkelnden Kristallkronleuchter, in dem sich das Licht in allen Regenbogenfarben brach. So etwas Elegantes hatte ich in meinem ganzen Leben noch nicht gesehen! Irene aber flüsterte mir verschwörerisch zu:

„Davon darfst du keinem Menschen erzählen!"

DEPORTATIONEN UND FLÜCHTLINGE

Der Krieg, der gegen Ende so viele Städte verwüstete, war für uns Kinder in Obereisenheim selten direkt zu spüren. Eine einzige verirrte Bombe schlug im Dorf ein und traf einen alten leerstehenden Schafstall.

Ein Tag jedoch blieb mir bis heute in Erinnerung, auch wenn ich das Erlebte erst im Nachhinein verstand. Draußen auf dem Dorfplatz parkte ein großer grauer Pritschenwagen; ein Opel Blitz mit einem Führerhaus aus Pappe und Holzvergaserantrieb, den die Wehrmacht gegen Ende des Krieges, als Roh- und Treibstoffe ausgingen, entwickelt hatte. Auf der Ladefläche drängten sich unsere „Polenmädchen", die ich alle gut kannte, weil sie bei den umliegenden Bauern gearbeitet hatten. Die jungen Frauen auf dem Lastwagen schluchzten laut und auch unter den Umstehenden wischten sich manche verholen die Augen. Erstaunt fragte ich:

„Warum weinen die Leute?"

Niemand mochte mir eine Antwort geben. Heute weiß ich, dass ich Zeugin der Deportation von polnischen Zwangsarbeiterinnen war, wie sie damals auf fast jedem deutschen Bauernhof eingesetzt waren.

1945 kam die Welle der Flüchtlinge aus Ostpreußen. Notdürftig fand man Quartier für sie, auch ein Teil unseres

Kindergartengebäudes wurde abgegeben. Beim Bauern gegenüber wurde eine Familie mit einer kleinen Ingeborg einquartiert, die meine zweite wichtige Kindheitsfreundin werden sollte.

WEIHNACHTEN IN OBEREISENHEIM

Als Kleinkind und noch weit bis in die ersten Schuljahre hinein hatte ich große Angst vor dem Nikolaus, vor dessen Rute ich Leute hatte drohen hören. Glücklicherweise kam der nie zu uns nach Hause. Stattdessen flog das Adventsengelchen draußen vorbei und legte am Fensterladen Plätzchen und kleine Süßigkeiten ab.

Weihnachten 1944 sollte die ganze Familie gemeinsam in Obereisenheim feiern. Die ganze Adventszeit fieberten wir Kinder auf das Fest zu. An Tagen mit schönem Abendrot am Himmel sagte Mutter immer:

„Das Christkindl bäckt jetzt Weihnachtsplätzchen."

Auch bei uns waren die Festvorbereitungen in vollem Gange, es wurde geputzt, gekocht und gebacken, und die Erwachsenen hatten auf einmal viele Geheimnisse.

Vater war für die Feiertage aus Schweinfurt angereist und fällte die mächtige Tanne im Garten. Das gute Zimmer durfte nicht mehr betreten werden, nicht einmal durchs Schlüsselloch durften wir schauen. An Heiligabend war es endlich so weit: Wir sangen Lieder, so lange, bis sich die Türe zum Festzimmer öffnete. Staunend standen wir davor: Die mit Äpfeln und Strohsternen geschmückte Tanne erstrahlte im Glanz unendlich vieler brennender Kerzen. Darunter fanden wir unsere Geschenke, teils sorgfältig verpackt, teils unter großen Tüchern verborgen. Da es nichts zu kaufen gab, hatten die Erwachsenen sie liebevoll für uns gebastelt und wir waren aufgeregt und glücklich.

BOMBEN ÜBER WÜRZBURG

An einem Vorfrühlingstag im März 1945 spielte ich mit Irene auf den Stufen vor dem Rathaus. Die Anne-Döll, eine dorfbekannte Alte, schlurfte vorbei und rief uns zu:

„Ihr könnt hier nicht einfach herumsitzen, die feindlichen Flieger bombardieren Würzburg. Geht schnell in die Schule und sagt der Lehrerin, sie soll mit ihrer Klasse in den Keller."

Die Lehrerin nahm uns zwei kleine Mädchen kurzerhand mit in den Schutzraum, wo wir verängstigt und frierend verharrten. Endlos zogen sich die Stunden, aber nichts passierte. Irgendwann kam jemand vorbei und gab Entwarnung. Obereisenheim hatte nichts abgekriegt, aber Würzburg lag in Trümmern. Dabei hatten sich die Menschen dort lange in Sicherheit gewiegt. Vater hatte mir einmal eine Karte gezeigt, die im Umlauf war. Dabei muss es sich um den vom britischen Kriegsministerium erstellten sogenannten Bomber-Baedeker gehandelt haben, der Würzburg als Stadt von geringer Bedeutung für die deutsche Rüstungsindustrie kennzeichnete. Bis Ende 1944 jedoch waren die Großstädte Deutschlands schon weitgehend zerstört, den alliierten Bomberflotten gingen schlichtweg die Ziele aus. Das wird der Grund gewesen sein, dass auch das schöne Würzburg noch kurz vor Kriegsende fast vollständig zerstört wurde.

ZURÜCK NACH SCHWEINFURT

Im Mai 1945, als der Krieg endlich zu Ende war, zogen wir zurück in unser Haus in Schweinfurt. Unsere wertvolleren Möbel hatten wir für die Zeit der Bombengefahr bei einem Verwandten auf einem Schloss zwischen Obereisenheim und Wipfeld untergestellt. Als wir unser Hab und Gut nun wieder einsammeln wollten, hatten es sich Heerscharen von Mäusen in unseren edlen Sitzgarnituren gemütlich gemacht.

Andere Möbel hatten wir in die Kleinstadt Garstadt ausgelagert. Garstadt blieb fast komplett vom Krieg verschont, nur ein einziges Haus wurde getroffen – und zwar ausgerechnet das Haus mit unseren Besitztümern.

Dennoch richtete sich meine Familie bald wieder in ihren eigenen vier Wänden ein und das Leben gewann langsam wieder an Fahrt. Das Haus meiner Großeltern väterlicherseits war von einer Bombe zerstört worden. Nun wohnten Oma und Opa in der Wohnung über uns. Die Wohnung im Parterre unseres Hauses war vermietet an ein Ehepaar mit einem weißen Spitz namens Prinz, den ich besonders in mein Herz schloss und mit dem ich gerne spielte.

KINDERGARTEN IN SCHWEINFURT

Ich war mittlerweile fünf Jahre alt und wurde für das letzte Vorschuljahr im Kindergarten um die Ecke angemeldet. Hier fühlte ich mich viel wohler als im Dorfkindergarten und freundete mich schnell mit meinen Nachbarkindern an. Meine erste Erfahrung mit den Gefahren der Stadt machte ich, als mein geliebter Prinz beim Spielen auf die Straße lief, und ich ihm hinterherstürmte. Gleich zwei Autos erwischten mich, das erste nur an der Nasenspitze, das zweite nahm mich auf die Kühlerhaube. Ich hatte Glück im Unglück, und mir passierte nichts Ernsthaftes. Trotzdem musste ich für eine Weile ins Krankenhaus. Höhepunkt dieses Aufenthaltes war, als meine gesamte Kindergartenklasse dort zu Besuch kam. Ich genoss es, im Zentrum der Aufmerksamkeit aller zu stehen, hielt gerne Audienz und berichtete stolz von meinem Abenteuer.

Am 8. Mai 1945 waren die Amerikaner in Schweinfurt einmarschiert. Augenzeugen berichteten später davon, wie US-Soldaten vor den Häusern saßen und aus Gläsern gierig eingemachtes Obst verschlangen, das sie in den Kellern gefunden hatten. Außerdem waren sie scharf auf deutsche Armbanduhren und Fotoausrüstungen, die jeder vor ihren neugierigen Augen zu verstecken suchte. Später okkupierten sie alle repräsentativen Villen der Stadt und nahmen sich, was sie wollten. Schweinfurt wurde gemäß den Vereinbarungen der Potsdamer Konferenz zur amerikanischen Besatzungszone und sollte bis 2014 zu den größten amerikanischen Standorten Europas gehören.

Die langen Sommerferien verbrachten wir Kinder wieder bei der Oheim. Unsere Eltern kamen nur an den Wochenenden zu Besuch. Als ich noch im Bett lag, hörte ich eines Morgens, wie mein Vater der Großmutter aufgeregt erzählte, dass die Amerikaner den Hund Prinz mitgenommen hätten, und seitdem jede Spur von ihm fehle. Ich war untröstlich über den Verlust meines tierischen Spielkameraden. Mit dem ersatzweise angeschafften Nachfolgehund bin ich nie mehr richtig warm geworden.

ENTNAZIFIZIERUNG

1946 war die Zeit der Entnazifizierungsverfahren, die die US-Amerikaner in ihrer Besatzungszone akribisch vorantrieben. Politik, Wirtschaft und Kultur sollten flächendeckend von nationalsozialistischen Gedanken und Grundlagen gesäubert werden und Kriegsverbrecher waren anzuklagen und zu bestrafen. Dazu musste jeder Erwachsene Bögen mit 131 Fragen nach der Ausbildung, nach Parteizugehörigkeit und nach dem Wahlverhalten ausfüllen. Die Befragten wurden daraufhin in die Kategorien Hauptschuldige, Belastete, Minderbelastete, Mitläufer und Entlastete eingeteilt. Mutmaßliche nationalsozialistische Straftäter jedoch konnten sich durch positive Aussagen von Opfern oder ehemaligen Gegnern entlasten. So entstand der berühmte Begriff des „Persilscheins", der manchem – ob zu Recht oder Unrecht – Kopf und Kragen rettete.

Mein Vater war nicht belastet, aber bis zur Erteilung seines Bescheides durfte er nicht zur Arbeit gehen. In diesen Wochen baute er mit mir einen Hühnerstall im Garten. Nach dem Krieg, wo es an allem mangelte, hielt fast jede Familie eigene Hasen und Hühner.

Schon bei der Großmutter in Obereisenheim wurden Hasen gehalten. Das Schlachten dort war immer eine schlimme Prozedur. Die Hasen schrien gottserbärmlich. Meine Mutter konnte das nicht mitanhören, ging energisch dazwischen und sagte:

„So nicht, dann schlachte ich sie lieber selber!"

Sie packte die zappelnden Todeskandidaten in einen Sack und schlug mit dem Knüppel drauf. Der Erfolg war nicht besser.

In Schweinfurt musste Großvater das Schlachten übernehmen und nach seinem Tod wurden die Hasen endgültig abgeschafft.

Unsere Hühner hingegen wurden meine Kindheits-
freunde. Ich gab ihnen Namen, kannte ihre Eigenarten und
durfte täglich die frisch gelegten Eier einsammeln und vorsichtig in die Küche tragen.

Eines Morgens waren alle Hühner spurlos verschwunden. Der Fuchs konnte es nicht gewesen sein, das hätte
man gesehen. Also machte sich die ganze Familie auf die
Suche – erfolglos. Wenige Tage später spielte ich mit Ingrid
an der Rettungsstelle, wo unser Ball in einen Schacht fiel.
Wir liefen ihm nach, spähten in die Tiefe und dort fanden
wir meine geliebte Hühnerschar – tot. Der Dieb war mit
dem Rupfen seiner fedrigen Beute wohl überfordert gewesen und hatte sich ihrer unauffällig entledigt.

EINSCHULUNG

Anders als in den Kindergarten bin ich immer gerne zur
Schule gegangen. Ich kann mich noch gut an den ersten
Schultag im September 1946 erinnern. Als allererstes
hieß es:

„Setzt euch nicht neben eine Freundin, sonst schwätzt
ihr nur."

Also wählte ich den Platz neben Elfriede Baumgärtner.
Elfriede war ein stilles, schüchternes Kind, eine Vollwaise,
die bei Pateneltern aufwuchs. Sie war ungeheuer fleißig
und hatte in allen Fächern gute Noten – nur singen konnte
sie nicht. Ich hingegen sang für mein Leben gerne. Wenn
wir einen Ausflug machten, baten die anderen Kinder
mich immer:

„Komm Traudl, du musst uns was vorsingen!"

Und ich zierte mich nicht lange, denn auch das Vorsingen machte mir Spaß.

Später begann Elfriede zur gleichen Zeit wie ich mit dem Akkordeonunterricht. Während ich mich abmühte, machte sie rasante Fortschritte. Manchmal musste ihre Ziehmutter das Akkordeon in den Schrank sperren, sonst hätte sie gar nicht aufgehört zu üben. Bei mir hingegen musste Mutter immer hinterher sein und täglich hörte ich:

„Du kannst noch nicht zum Spielen gehen, du hast heute nicht geübt."

In der Schule war ich in jeder Hinsicht in meinem Element. Mühelos lernte ich schreiben und lesen und meine Mutter behauptete auch, ich hätte gut gerechnet, obwohl ich selbst mich damit immer ein bisschen schwerer getan habe. Auch sozial war ich bestens eingebunden und bei allen Mitschülerinnen beliebt. Weil wir so einen großen Garten hatten, kamen viele dieser Freundinnen nachmittags gerne mit zu mir nach Hause. In der ersten und zweiten Klasse waren wir nur Mädchen, später wurden die Klassen dann nach Konfessionen aufgeteilt und es kamen auch Buben dazu.

In den ersten Wochen in der Schule wurden wir nach den Berufen der Eltern befragt. Genannt wurden Bäcker, Müller, Bauer, Lehrer, Kaufmann und Ähnliches. Als ich an der Reihe war sagte ich:

„Mein Vater ist Vorkalkulator."

„Was ist denn das?", fragte die Lehrerin.

Also musste ich erklären:

„Mein Vater arbeitet als Zeitabnehmer bei Fichtel & Sachs. Er muss zu den Arbeitern, ihnen zuschauen und genau ermitteln, wie lang sie brauchen, um beispielsweise einen Motor herzustellen. In seinem Büro kann er dann ausrechnen, wie viel solch ein Motor dann kosten müsste. Auch bei den Motorradrennen, die Fichtel & Sachs in Schweinfurt veranstaltet, muss er jedes Mal mit der Stoppuhr die Zeit abnehmen."

SCHULSPEISUNG

Die Nahrungsmittelknappheit nach dem Krieg war eklatant. Bis 1950 erhielt man rationierte Lebensmittel in Geschäften und Gaststätten nur, wenn man die entsprechenden Marken abgeben konnte. Die vorgesehene Tagesration für Erwachsene im Jahr 1946 betrug 1550 Kilokalorien. Für alles Weitere war man auf Selbstversorgung, Tauschhandel oder Schwarzmarkt angewiesen.

Am meisten Hunger litten die Kinder. Um gegen die Unterernährung vorzugehen, führten die Amerikaner die Schulspeisung ein. Jedes Kind bekam einmal täglich eine warme Mahlzeit in der Schule. Das Essen wurde in großen Töpfen in der Waschküche auf dem Schulgelände zubereitet. Normalerweise gab es pappigen Haferbrei mit aufgedunsenen Rosinen, der mir nicht schmeckte und den ich mürrisch hinunterwürgte. Sehr selten aber, an ganz besonderen Tagen, wurden Würstchen serviert. Das war für alle ein Fest. Ein Mädchen aus meiner Klasse bittelte und bettelte:

„Ach Traudl, gib mir doch dein Würstchen – ich bringe dir dafür ein großes Stück Kuchen mit."

Gierig vertilgte sie die Brühwurst vor meinen Augen – das versprochene Stück Kuchen jedoch ward zu meiner abgrundtiefen Enttäuschung nie gesehen. Sie wohnte dort, wo ich zum Akkordeonunterricht hinging, und noch monatelang lauerte ich ihr auf und fragte – vergeblich – nach meinem ausstehenden Kuchenstück.

Ganz ausnahmsweise gab es zur Speisung auch einmal eine Tafel Schokolade. Die Lehrerin gab strengste Anweisung, die Schokolade müsse direkt in der Schule verzehrt werden. Nur wer ein kleines Geschwisterchen hätte, dürfe etwas nach Hause mitnehmen. Ich dachte an meinen Cousin Erich oder andere Familienmitglieder, denen ich stolz etwas von dieser ungeheuren Kostbarkeit mitbringen wollte.

„Ja", sagte ich, „ich habe auch einen kleinen Bruder und möchte für ihn Schokolade mitnehmen."

Die Lehrerin schaute in ihrer Liste nach und ihr Blick wurde streng, als sich herausstellte, dass meine Angabe frei erfunden war.

„Du Lügnerin!", fuhr sie mich vor der versammelten Klasse an. „Guckt euch die Waltraud an, das ist eine Lügnerin. Die hat gar keinen Bruder und wollte einfach so Schokolade mit nach Hause nehmen!"

MUTTER

Meine Mutter Carolina war wie die meisten Frauen ihrer Generation ihr Leben lang Hausfrau. Sie hatte genug zu tun, den riesigen Garten und den Haushalt zu betreuen. Da wir im Grunde Selbstversorger waren, spürte unsere Familie den Mangel nach dem Krieg nicht so sehr wie andere. Dafür gab es fast rund ums Jahr unendlich viel zu tun, damit im Sommer und Herbst genügend Beeren, Obst und Gemüse reiften, die dann natürlich rechtzeitig geerntet und zu Marmelade, Gelee, Saft und Kompott verarbeitet werden mussten. Während der Kriegsjahre, als wir in Obereisenheim lebten, wurde ein Teil des Gartens an einen Obsthändler verpachtet. Der erzählte immer:

„Drei Familien konnten wir mit unseren Kartoffeln satt machen."

Wir Kinder hatten täglich einen Apfel aus dem Garten im Schulranzen. Die weniger privilegierten Kinder waren wild nach unseren Apfelbutzen. Ich habe meine meistens selbst gegessen, weil ich sie gerne esse. Meine Schwester aber verschenkte die ihren häufig, und so folgte ihr jede Pause eine Traube von Kindern, die alle schrien:

„Heute bin ich dran mit den Apfelbutzen!"

Wir hatten einen großen Walnussbaum, der in den meisten Jahren gut trug. So machte Mutter uns als Vesper Butterbrot mit Walnussbelag. Auch damit standen wir bei den Freundinnen hoch im Kurs und der Schulhof wurde Schauplatz lebhafter Tauschgeschäfte:

„Traudl, gibst du mir heute dein Nussbrot, ich kann dir dafür mein Wurstbrot geben."

Wie fast alle Frauen hatte meine Mutter als Hausfrau kein eigenes Einkommen. Aber durch den Verkauf von Beeren und Obst aus dem Garten hatte sie ihr kleines privates Zubrot, mit dem sie selbstständig wirtschaften konnte. Sie versteckte es in einer Schale im Küchenschrank und bezahlte damit kleine Anschaffungen außer der Reihe.

MUTTERS KINDHEIT

Meine Mutter war sehr beliebt bei meinen Freundinnen. Sie kam auf jeden Schulausflug mit, ein Umstand, der mir selbst gar nicht so gefiel. Sie war in einer Familie mit riesiger Verwandtschaft aufgewachsen. Trotzdem glaube ich, dass sie als Kind gar nicht so viel zu lachen hatte, denn die Familie war groß und mein Großvater führte ein strenges Regiment. Er war zwei Mal verheiratet. Seine erste Frau war gestorben, woraufhin deren Schwester in den Haushalt einzog, sich um die acht verwaisten Kinder kümmerte und wenig später selbst seine Frau wurde. Aus dieser Verbindung entstanden weitere vier Kinder.

Auf dem Hochzeitsbild meiner Eltern – eine Doppelhochzeit mit dem Bruder meiner Mutter – sieht man sie inmitten einer riesigen Schar von Menschen stehen. Die anderen Geschwister samt Familien waren aus Nürnberg angereist. Alle waren erfolgreiche Unternehmer: die einen mit einer Nudelfabrik, die anderen mit einer Brauerei, die dritten besaßen einen gutgehenden Laden. Die „Nazi-Tante" führte mit ihrem Gatten eine Kistenfabrik, die kurz vor Kriegsende den Bomben zum Opfer fiel und die beiden mittellos zurückließ. Meine Eltern pflegten lebenslang gute Beziehungen zu allen Mitgliedern der Großfamilie, auch zu dieser Tante, aber das Thema ihrer damaligen politischen Haltung wurde stets sorgsam umschifft.

HOCHZEIT DER ELTERN

Meine Eltern waren nicht mehr besonders jung, als sie sich kennenlernten und bald heirateten. Ein Freund meines Vaters, hatte die beiden einander vorgestellt. Als junge Frau hatte meine Mutter eine Weile in München bei ihrem Bruder Georg gelebt, der später Herdfabrikant in Verona und Vater meiner Lieblingscousine Ingrid werden sollte. Dort hatte sie eine Stelle bei einer sehr wohlhabenden Familie, wo sie eine schwer behinderte Frau betreute. Hier in der Großstadt entdeckte sie ihre Liebe zur Oper, und vielleicht gab es dort auch schon einen heimlichen ersten Freund? Unter ihren persönlichen Dingen, die sie nach ihrem Tod hinterließ, befand sich ein goldenes Gliederband, mit einem verschließbaren kleinen Fach und darauf stand: *Aus den Tagen des Glücks*. Außerdem ein mit wunderbaren Ornamenten verziertes venezianisches Mäppchen, in dem sie Briefe aufbewahrte. Niemals aber sprach sie über ihr Leben vor ihrer Ehe und nahm all diese Geheimnisse letztlich mit ins Grab.

DIE SCHWESTER HANNELORE

Meine Schwester Hannelore war dreieinhalb Jahre älter als ich. Zuvor hatte meine Mutter wohl einige Fehl- oder Totgeburten gehabt, näheres weiß ich nicht, denn auch über diese Dinge redete man damals nicht.

Eine der Schwestern meiner Mutter, die Patin meiner Schwester, lebte in Schweinfurt. Zu ihr hatten wir Kinder ein herzliches Verhältnis und waren oft bei ihr zu Hause. Dort wurde meine Schwester untergebracht, als meine Mutter mich entbunden hat und für ein paar Tage in der Klinik bleiben musste. Die kleine Hannelore zog sich in dieser Zeit den Unmut ihrer Patin zu, weil sie überall ihre Spielzeuge herumliegen ließ, und es wurde gedroht:

„Wenn die Sachen immer noch am Boden liegen, wenn ich nach Hause komme, dann schmeiße ich sie aus dem Fenster!"

Als die Tante zurückkam empfing meine Schwester sie stolz:

„Ich habe schon alles gemacht."

„Was hast du denn gemacht?"

„Ich habe meine Spielzeuge aus dem Fenster geschmissen!"

Als die beiden zu Besuch in die Klinik kamen, um das neugeborene Schwesterchen zu begrüßen, schaute Hannelore mich kritisch an und meinte zu meiner Mutter:

„Das Baby kannst du hierlassen."

Ganz offensichtlich war sie von Anfang an nicht erfreut über diesen plötzlichen und unerbetenen Familienzuwachs, der sie vom liebgewonnenen Prinzessinenthron zu stürzen drohte.

Hannelore und ich stritten gerne und viel. Heute ahne ich, dass sie möglicherweise einfach nur eifersüchtig auf diese kleine Schwester war, die ihr nach Jahren der Alleinherrschaft plötzlich und ohne Ankündigung ins Nest gesetzt worden war. Es sollte mir – und das zog sich bis ins Erwachsenenleben – fast nie gelingen, mich gegen sie durchzusetzen. Ihre einzige zuverlässige Schwachstelle war ihre Spinnenphobie, damit konnte man sie komplett außer Gefecht setzen. Dementsprechend wurde aus uns auch nicht das innige Schwesternpaar, das jedes Geheimnis miteinander teilt. Erst sehr viel später, als sie schon mit ihrem zweiten Mann verheiratet war, sollte sich unser immer angespanntes Verhältnis zum Guten verändern.

HELMUT

Hannelore und ich teilten uns ein Zimmer in der Wohnung meiner Eltern. Bis ich elf Jahre alt war, schlief ich in einem recht großen Gitterbett, geerbt von dem leicht behinderten Sohn eines Onkels mütterlicherseits. Bei dessen Geburt hatte es Komplikationen gegeben, Mutter und Kind waren in Gefahr. Damals entschied man in solchen Fällen: Das Leben des Kindes geht vor das Leben der Mutter. Man rettete Helmut, das Kind, und die Mutter starb bei der Geburt ihres Sohnes. Der Witwer stellte nun eine Pflegerin, Hannelores Patin, für das Neugeborene ein, die bald auch seine zweite Frau wurde. Sie war es, die nach einer Weile feststellte, dass mit dem Kind etwas nicht stimmte.

„Der Helmut lacht zu viel."

„Na, freu dich doch, dass es ihm gutgeht."

„Nein, das ist kein normales Lachen."

Tatsächlich musste die Familie den Jungen während der NS-Zeit versteckt halten, er wäre sonst Gefahr gelaufen, dem NS-staatlichem Zugriff mit all seinen später bekannt gewordenen grauenhaften Konsequenzen zum Opfer zu fallen. Für den Vater, der bereits seinen älteren Sohn, der einmal die Bäckerei hatte übernehmen sollen, auf dem Feld verloren hatte, war das Defizit seines Jüngeren schwer zu ertragen. Helmut konnte später in die Hilfsschule gehen, blieb aber immer auffällig. Dafür bewunderten wir ihn für die ungewöhnliche Fähigkeit, sich jeden Geburtstag, jedes Datum, das man ihm nannte, über Jahre abzuspeichern. Als er heranwuchs, machte er oft den weiten Weg zu Fuß vom anderen Ende der Stadt zu uns nach Oberndorf, um mit uns ganz kindlich zu spielen. Traf er meine Schwester und mich jedoch unterwegs in der Stadt, konnte er das nicht einordnen und ignorierte uns. Das war uns ganz recht, als Kinder wäre es uns fürchterlich peinlich gewesen, mit einem wie ihm in Zusammenhang gebracht zu werden.

Helmut benahm sich oft merkwürdig, ohne sich dessen im Geringsten bewusst zu sein. Eine Anekdote erzählt, dass er, der täglich beim Krankenhaus vorbeilief, eines Tages – in aller Unschuld und doch hormongetrieben – im Bett einer Krankenschwester entdeckt worden war und von ihrem Freund eine Tracht Prügel einstecken musste.

DAS GEMEINSAME ZIMMER

Als wir Mädchen größer wurden, hatten wir Lust, unser Zimmer zu verändern. Eben hatten wir neu gestrichen und alles gemütlich gemacht, da bekamen wir Post vom Wohnungsamt. Wir sollten das Zimmer an die rothaarige Emilie abgeben, eine Mitarbeiterin der Spedition, die ihren Sitz in unserer Parterre-Wohnung hatte. Jetzt blieben unserer Familie nur noch zwei Zimmer im eigenen Haus! Wir Mädchen wurden kurzerhand ins enge Elternschlafzimmer umgelegt, wo aber nur Platz für eine weitere Schlafstatt war. Plötzlich, bereits im Teenageralter, sollten sich meine Schwester und ich ein Bett teilen!

Eines Morgens klingelte die Dame vom Wohnungsamt. Meine Mutter packte die Gelegenheit beim Schopf und sagte:

„Das trifft sich gut, bitte schauen Sie sich doch einmal an, wie eng wir wohnen müssen."

Die überrumpelte Beamtin wurde ins Schlafzimmer geführt, wo meine Schwester und ich noch – Kopf neben Füßen – eng gedrängt in unserem Bett schliefen.

„Oh, das geht ja so nicht!", war ihr kurzer Kommentar. Schon am nächsten Tag musste die zwangseinquartierte Mitbewohnerin ihre Sachen packen, und endlich hatten wir Mädchen unser Zimmer zurück.

Wohnraum war für alle knapp in dieser Zeit. Im Stockwerk über uns wohnten zum einen die Eltern meines Vaters sowie meine Tante mit Mann und Sohn. Jede der zwei Parteien hatte nur ein einziges Zimmer und eine kleine Küche, und selbstverständlich schlief mein Cousin Erich noch als Heranwachsender bei seinen Eltern im Zimmer.

ERICH

Auch Cousin Erich war ein etwas spezieller Mensch. Er spielte nicht wie andere Kinder, dafür baute er sein Spielzeug in sorgfältig geordneten Reihen auf, und wir sollten es anschauen. Seine Schulhefte waren geradezu übermäßig akkurat geführt und wurden vielen Generationen von Schulkindern als lobenswerte Beispiele präsentiert. Aber irgendetwas stimmte nicht mit ihm. Als er in die Pubertät kam, begann er mir nachzustellen. Das machte mir Angst, auch wenn ich es vielleicht unwissentlich provozierte. Eines Tages im Garten versuchte er, mir die Hose herunterzuziehen. Ich schrie wie am Spieß, meine Tante kam hinzu und rettete mich, allerdings mit dem strengen Zusatz:

„Aber nicht, dass du das irgendjemand erzählst!"

Immer noch erschrocken und peinlich berührt behielt ich das Erlebte lebenslänglich für mich.

Auf dem Verhältnis meines Vaters zu Erichs Vater Paul ruhte eine Last. Paul hatte sich in seinen jungen Jahren der herrschenden NSDAP-Partei angeschlossen und den dritten Bruder Edwin wegen seiner NS-kritischen Haltung denunziert. Infolgedessen wurde Edwin unverzüglich an die vorderste Front im Krieg versetzt, wo er bereits nach wenigen Tagen fiel.

Erich wollte wie sein Vater bei Kugelfischer eine Ausbildung machen. Die Eingangsprüfung bestand er nicht, weil er zu akkurat vorging und die Aufgaben nicht in der dafür vorgesehenen Zeit absolvieren konnte. Für eine Stelle als Hilfsarbeiter jedoch reichte es, und im Lauf der Jahre hat er sich dort einen Ruf als gewissenhafter Problemlöser erarbeiten können, der im ganzen Betrieb geschätzt wurde. Später fand er, der Sonderling, den niemand haben wollte, eine geschiedene Frau, es erwuchs eine glückliche Ehe daraus und sie hatten sogar ein gemeinsames Kind.

BILDERBÜCHER UND PUPPEN

Ich war während meiner ganzen Kindheit – gar nicht so selbstverständlich in meiner Generation – mit Spielzeug gesegnet. Aus ihrem im Bombenbrand zerstörten Haus hatten meine Großeltern väterlicherseits gerettet, was zu retten war. Darunter auch ihr edles Geschirr, das natürlich unvollständig und teilweise beschädigt war. Damit hatte ich dann die fürstlichste Sandkastenausstattung weit und breit.

Auch auf meine Murmelsammlung war ich ungeheuer stolz. Wir sagten „Gstenner" dazu. Meistens spielten wir mit den Nachbarskindern „Andotzen". Von einer gewissen Linie wirft ein Spieler seine Murmel. Der andere versucht, diese mit seiner Kugel zu treffen. Gelingt es ihm, gehört die Murmel ihm. Verfehlt er, ist der andere dran.

Ein großer Schatz war meine Kiste voller Bilderbücher. Wieder und wieder schaute ich sie an. Die von den Eltern gerne vorgelesenen Texte kannte ich bald auswendig und brachte mir damit sehr früh selbst das Lesen bei. Als ich mit sechs Jahren in die Schule kam, las ich längst flüssig und durfte den anderen immer vorlesen.

Daneben liebte ich es, „Verkauferles" zu spielen. Ich hatte eine Post mit echten alten Ansichtskarten und Briefmarken, sogar ein paar Lebensmittelmarken gehörten zu meinem Sortiment. Alle meine Verwandten im Haus durften von mir kaufen und zeigten sich meistens recht großzügig.

Zu den größten Freuden meines Kinderlebens gehörten meine zehn Puppen. Ich zog sie an und aus, ich kochte für sie, ich arrangierte sie in Fantasiespielen und teilte meine Geheimnisse und kleinen Kümmernisse mit ihnen. Die kalte Sophie war aus Gummi. Hänsel und Gretel waren Geschwister. Jede hatte einen Namen und ihren besonderen Charakter. Als Freunde meiner Eltern mit einem kleinen Jungen zu Besuch waren, wurde ich von den Erwachsenen spontan aufgefordert, dem Kind doch eine meiner vielen Puppen abzugeben. Das fühlte sich für mich an, wie wenn man mich gezwungen hätte, mich von einem Kind zu trennen. Ich blickte stumm und verzweifelt. Kurzerhand entschieden die Erwachsenen:

„Gib doch den Hänsel ab."

Aber dann war die Grete doch alleine! Ich konnte kaum fassen, was da über meinen Kopf entschieden wurde. Mit zwölf Jahren endlich bekam ich Inge, eine glühend ersehnte echte Schildkröt-Puppe. Sie war aus wasserfestem Zelluloid und ich konnte sie wie ein Baby baden. Vielleicht kam dieses teure Geschenk zu spät, denn jetzt dauerte es nicht mehr lange, bis sich allmählich andere Interessen in den Vordergrund drängten und ich meine Spielsachen nach und nach freiwillig verschenkte.

Bei schlechtem Wetter durften wir das Spielen von draußen auf den Dachboden verlegen. Den speziellen Geruch nach Staub und trockenem Holz habe ich noch immer in der Nase. Hier reifte der selbstgemachte Johannisbeerwein und allerlei Koffer und Kisten bargen geheime Schätze.

Im Keller hingegen lagerten die Wintervorräte. Es roch modrig-feucht und etwas säuerlich. Kartoffeln und Karotten türmten sich in hölzernen Raufen, riesige Regale voller Eingemachtem warteten auf den Winter und in der Ecke stand das Fässchen, aus dem der Most aus den eigenen Äpfeln gezapft wurde.

Fast alles, was wir aßen und tranken, kam aus unserem Garten. Unsere Zwetschgen wurden ins Nachbardorf in die Schnapsbrennerei gefahren. Natürlich mussten wir Kinder bei der Ernte mit anpacken. Unsere Aufgabe war es, alle von den Bäumen geschüttelten Früchte vom Boden aufzusammeln und in die richtigen Behälter zu füllen.

„Keine einzige Mirabelle darf zu den Zwetschgen", ermahnte uns der Vater, „sonst müssen wir alles wegschmeißen".

Nachts kam manchmal der Zoll und prüfte, ob die angemeldeten Brennmengen auch eingehalten wurden. Die Schnapsflaschen, die am Ende aus der Brennerei zurückkamen, waren trotzdem nur für den Hausgebrauch. Besonders mein Opa, der über uns wohnte, kam oftmals zum Vater und bat:

„Hast du noch eine Flasche Schnaps zum „Einreiben"?"

GERICHTE DER KINDHEIT

Süßes war rar in meiner Kindheit. An Eis oder Schokolade war nicht einmal zu denken. Mein Vater, der selbst einen süßen Zahn hatte, versprach der Familie:

„Wenn der Krieg aus ist, kaufe ich euch eine Schokolade, so groß wie dieser Tisch!"

Wenn wir aus der Schule kamen, fragten wir meist:

„Was gibt's?"

Manchmal lautete Mutters Antwort:

„Das werdet ihr schon sehen!"

In diesem Fall wussten wir ziemlich sicher, dass Grießbrei auf dem Tisch stand. Den machte sie gerne an den Tagen, wenn sie große Wäsche hatte und wenig Zeit fürs Kochen blieb. Weder meine Schwester noch ich mochten Grießbrei, da half es dann auch gar nicht, wenn sie versuchte, ihn uns anzupreisen, indem sie die schmackhaften Zutaten auflistete: Köstliche Butter, Eier, Kompott ... Mümmelnd und mürrisch saßen wir am Tisch, während sie mit dem Kochlöffel in der Hand drohte:

„Es wird nicht eher aufgestanden, bis die Teller leer sind!"

Zu anderen Gelegenheiten wurde, wenn wir uns nicht gut benahmen, gerne mal gedroht:

Das sag' ich abends eurem Vater!"

Die Grießbreidramen trug sie ihm aber nie vor. Rückblickend bin ich mir ziemlich sicher: Mein Vater mochte auch keinen Grießbrei.

Ich fürchte, ich war nicht ganz leicht zu ernähren. Salat aß ich gar nicht und ein anderes Angstgericht war Weinsuppe. Sie war mir zu stark. Nicht selten endete meine Essensverweigerung mit einer Familienszene: Mutter und Großmutter drohten mir mit Arrest im Keller.

STRAFEN IM ELTERNHAUS

Ich kann mich nicht erinnern, dass wir von unserer Mutter jemals geschlagen wurden. Aber sie drohte gerne damit. Meinem Vater allerdings ist einige wenige Male die Hand ausgerutscht. Besonders in Erinnerung geblieben ist mir eine Szene in unserem großen Garten. Hoch oben auf einer schwankenden Leiter am Apfelbaum balancierend bat er mich, ihm doch bitte den Korb hochzureichen. Hatte er es sich nur eingebildet oder war es wirklich so, dass ich einen Flunsch zog? Fuchsteufelswild stieg er die Leiter hinab und rannte mir hinterher:

„Dir geb' ich's!"

Er erwischte mich und fing an, mich zu versohlen. Von dem Geschrei alarmiert war meine Mutter dazugekommen und ich hörte sie immer nur rufen:

„Nicht auf den Kopf, nicht auf den Kopf!"

Auch meiner Schwester gelang es, Vaters Temperament zu provozieren. Ich selbst lernte eigentlich nie für die Schule, sondern passte im Unterricht gut auf. Dann war es im Kopf – und da ist es heute noch drin. Aber Hannelore war fleißig und ehrgeizig. Sie saß zu Hause am Tisch und paukte, als der Vater sie bat, ihm zu helfen, den Teppich zusammenzurollen. Als sie mürrisch murmelte: „Geht nicht, ich muss lernen", fuhr er aus der Haut und es setzte ein paar Schläge. Wann immer solche Wutausbrüche vorkamen, hatte man das Gefühl, dass es Vater hinterher richtig leidtat. Denn in seinem Herzen war er ein friedliebender, toleranter und großzügiger Mann. So durften wir Kinder immer, wenn wir etwas brauchten, an seinen makellos ordentlichen Schreibtisch, obwohl er stets merkte, dass jemand dran gewesen war. Einmal lieh ich sein schönes Glas mit weißem, nach Kokos duftendem Leim aus. Es fiel mir aus der Hand und ging zu Bruch! Ich schämte mich sehr für das Missgeschick und versuchte in aller Naivität, das Glas zu leimen und heimlich wieder zurückzustellen. Heute bin ich mir sicher, dass das nicht unbemerkt blieb, aber Vater hat das Malheur nie erwähnt. Stattdessen stand irgendwann ein neues Leimglas in der Schublade.

Auch Mutter war liebevoll und sah uns manches nach. In anderen Dingen jedoch hatte sie strikte Vorstellungen. Das betraf zum Beispiel die von ihr vehement vertretene Regel, dass neu angeschaffte Kleindung erst einmal geschont werden musste und nur an Sonntagen zur Kirche getragen wurde. Ich erinnere mich an einen Anorak, auf den ich ungeheuer stolz war und ich verzehrte mich danach, das elegante Stück am nächsten Tag in der Schule zu präsentieren. Doch Mutter blieb eisern. Meine Freundin, der ich mein Leid klagte, meinte mitfühlend:

„Da kann sie ihn doch gleich in den Glaskasten stellen."

Tags darauf gab es zu Hause dieselbe Diskussion. Mutter war nicht zu erweichen. Darauf warf ich ihr wütend an den Kopf:

„Dann stell ihn doch in den Glaskasten!"

Das saß und meine Mutter fing an zu weinen. Plötzlich tat es mir leid, dass ich nun an ihrem Kummer schuld sein sollte.

FESTE IM JAHR

Natürlich wurden unsere Geburtstage gebührend gefeiert, auch wenn es damals kaum große Geschenke gab. Aber immer stand ein Geburtstagskuchen auf dem Tisch. Nachmittags durften wir unsere Schulfreundinnen einladen. Einladungen wurden geschrieben und in der Schule verteilt. Der Klassenlehrer gab in solchen Fällen keine Hausaufgaben, sie wären ohnehin nicht gemacht worden. Die Kinder brachten kleine Geschenke mit und wir spielten. Die größte Attraktion an diesen Nachmittagen waren unsere handzahmen Hühner, die sich streicheln und sogar auf den Arm nehmen ließen.

Vor meinem Geburtstag im Mai war Ostern das erste Fest des Jahres. Bereits am Gründonnerstag fanden wir unsere Osternester auf der Treppe, eine familiäre Tradition, die bei anderen Familien, wo dieses Ritual auf den Ostersonntag fiel, zumeist Erstaunen hervorrief.

Auf Weihnachten und seinen Zauber fieberten wir jedes Jahr ungeduldig hin. Einmal lag ein mit viel Liebe und Mühe von den Eltern selbstgemachtes Malbuch unter dem Weihnachtsbaum. Ich war damals in der ersten Klasse und begeistert machte ich mich gleich ans Ausmalen. In der Schule wurden wir nach den Weihnachtsferien aufgefordert, unser liebstes Geschenk mitzubringen und den anderen zu zeigen. Stolz packte ich das Malbuch in den Ranzen. Mein Vater kommentierte trocken:

„Und wenn die Lehrerin fragt, warum du das Schwein schwarz angemalt hast, dann sagst du einfach: 'Es ist schwarz geschlachtet worden'."

Das war der Humor meines Vaters.

GRUNDSCHULZEIT

Ich war etwa sieben Jahre und begleitete meine Schwester in die Stadt, wir sollten aus der Apotheke Medikamente für meine Großmutter besorgen. Es war Winterzeit und auf dem Heimweg wurde es schon dunkel. Bereits von Ferne bemerkten wir einen Menschenauflauf vor dem Autohaus gegenüber unserer Einfahrt. Die Umstehenden murmelten, es habe einen schweren Autounfall gegeben.

Neugierig linsten wir durch den Türspalt und sahen, wie man sich um einen Bewusstlosen kümmerte. Dieser Anblick eines wie tot daliegenden Menschen erschreckte mich zutiefst. Der Vater meiner Freundin versuchte mich später zu beruhigen:

„Dem geht's wieder gut, ich habe ihn im Krankenhaus gesehen."

Das Erlebte verfolgte mich trotzdem jahrelang. Immer vor dem Einschlafen sah ich den leblosen Mann vor mir.

FREUNDIN INGRID

Ingrid kannte ich aus dem Kindergarten, sie wohnte direkt nebenan und war über lange Jahre meine beste Freundin. Sie war ein halbes Jahr vor mir geboren und mir in fast allem immer ein wenig voraus. Dafür hatte sie so gut wie kein Spielzeug, nur eine einzige große Puppe. Wie unter besten Kinderfreundinnen üblich, gab es ab und an auch mal richtigen Freundinnenstreit.

„Du kannst überhaupt nicht richtig werfen Traudl, mit dir macht Ballspielen keinen Spaß!"

„Stimmt kein bisschen, wenn ich nur will, treffe ich viel besser als du. Ich wollte halt diesmal einfach nicht treffen …"

Zufälligerweise passierten solche Zankereien mehrere Male vor den Sommerferien, sodass wir die ganzen langen sechs Wochen, bis die Schule wieder anfing, beleidigt umeinander herumschlichen und kein Wort miteinander sprachen.

Unser Haus lag am Rande einer Siedlung, direkt daneben lagen Felder und Schrebergärten. Ingrid und ich saßen gerne auf einem Baumstamm vor dem Haus und spielten. Eines Tages sprach uns ein unbekannter Mann an und zeigte auf eine Gartenhütte, die ungefähr 300 m von unserem Haus entfernt zu sehen war.

„Hallo Kinder, soll ich euch mal das Gartenhaus da drüben zeigen?"

Schon lange hatten wir uns gefragt, wie es wohl dort drinnen aussähe. Unsere Neugierde war groß. Die Angelegenheit kam uns jetzt jedoch unheimlich vor, unser Misstrauen gewann die Oberhand und wir gingen nicht mit. Wir maßen der Situation aber auch nicht genügend Bedeutung zu, um unseren Eltern von dem merkwürdigen Mann zu erzählen, was man heute mit Sicherheit täte.

Auch nach der Grundschule blieb Ingrid eine enge Freundin. An heißen Sommertagen gingen wir am liebsten zum Baden an den Main. Sie hatte etwas vor mir zum ersten Mal ihre Periode bekommen und ihre Mutter hatte ihr eingetrichtert, in diesem Zustand keinesfalls ins Wasser zu gehen. Trotzdem blödelten wir miteinander herum, und dabei wurden ihre Haare etwas nass. Das muss zu Hause bemerkt worden sein, denn am Abend sprach mich ihre Mutter an:

„Wenn der Ingrid jetzt etwas Schlimmes passiert und sie krank wird und stirbt, dann bist du dran schuld!"

Tief getroffen machte ich mir große Sorgen und sollte diesen Zwischenfall mein Leben lang nicht vergessen.

GELD IM ELTERNHAUS

In der Zeit vor der Währungsreform 1948 mangelte es an fast allem. Durch unseren großen Garten waren wir immer mit Essen versorgt. Aber Brötchen oder gar Fleisch waren eine große Besonderheit. Ich war schon immer ein mageres Kind und muss in dieser Zeit wohl richtig verhungert ausgesehen haben, denn eines Tages schenkte mir eine Frau auf der Straße spontan ein paar Brötchenmarken.

„Da, damit du auch mal satt wirst."

Was für ein Fest! Freudestrahlend kam ich damit nach Hause und es reichte für Brötchen für die ganze Familie.

Zur Taufe hatte ich von der Schweinfurter Großmutter hinreißende Ohrstecker mit kleinen Korallenherzchen bekommen. Ich konnte es kaum erwarten, endlich alt genug zu sein, mir Löcher stechen zu dürfen. Meine Mutter hielt mich lange hin, sie hielt nichts von diesem heidnischen Zeugs. Schließlich gab sie nach und ich durfte, begleitet von meiner Tante, in die Stadt gehen und mir Ohrlöcher schießen lassen. Statt Geld zur Bezahlung gab sie mir eine riesige Tüte saftiger und duftender Pfirsiche vom Baum in unserem Vorgarten mit.

Geld war in unserem Elternhaus kein großes Thema, es gab genügend für das, was unsere Familie für ein bescheidenes Leben brauchte. Mein Vater verdiente das Geld, also war er auch Herr der Familienfinanzen und führte ordentlich Buch über alle Ausgaben. Bargeld verwahrte er im Schubfach. Wenn meine Mutter einen Schein genommen hatte, sagte sie ihm abends Bescheid. Worauf er dann gönnerhaft erwiderte:

„Aber das darfst du doch."

Den Umgang mit eigenem Geld lernten wir Kinder ganz nebenbei. Zum Geburtstag und zu Weihnachten schenkte unser Großvater uns immer einen Geldschein. Den gaben wir unserem Vater zur Verwahrung. Ohne nach dem Grund für die Ausgabe zu fragen, händigte er uns bei Bedarf die entsprechende Summe aus und vermerkte sorgfältig den auf seiner Liste aktualisierten Sparbetrag.

Mein Vater war ein großzügiger Mann. Zu Kirchweih in der Stadt drückte er uns für gewöhnlich einen Zehnmarkschein in die Hand. Ich wagte kaum, das Geld zu verbrauchen, ließ die verführerische Zuckerwatte links liegen und ignorierte den Bratwurstduft, der mir in die Nase stieg. Wenn ich mich doch schließlich entschloss, etwas zu kaufen, waren das meistens Geschenke für die ganze Familie.

Als ich etwas älter war, bekam ich zehn D-Mark Taschengeld im Monat – für die damaligen Verhältnisse eine beachtliche Summe. Sieben Mark gingen schon für meinen Akkordeonunterricht drauf, mit dem Rest aber wirtschaftete ich äußerst sparsam.

AKKORDEONUNTERRICHT

Meine Schwester und ich hätten beide gerne Klavierspielen gelernt, aber Vater gelang es nicht, ein bezahlbares Klavier aufzutreiben. Stattdessen gab es ein Akkordeon. Die Akkordeonlehrerin, Frau Wachter, war der Inbegriff dessen, was ich unter einer alten Jungfrau verstand. Ohne eigene Familie lebte sie ganz für ihre Schüler. Jährlich veranstaltete sie mit ihnen ein Akkordeonfest im Gasthaus, ein wichtiger Termin, dem endlose Proben vorangingen. Elfriede, meine stille Nebensitzerin in der Schule, übertraf mich schnell um ein Weites, während ich mich noch lange mit den vielen Tasten und Knöpfen quälte und hinter dem viel zu großen und schweren Instrument fast verschwand. Ich sang gut und gerne, ansonsten war es mit meiner Musikalität nicht so weit her und als Akkordeonistin wurde ich nie eine richtig große Nummer. Trotzdem ergab es sich, dass ich, als ich größer wurde, anderen kleineren Kindern Akkordeonunterricht gab. Unentgeltlich natürlich! Meine Schwester, von der ich das Instrument – wie so vieles andere – geerbt hatte, war viel begabter und fleißiger und brachte es später mit ihrem Talent sogar zur Orgelspielerin in unserer Kirche.

Von klein auf – und das war hauptsächlich das Verdienst unserer Mutter – waren wir mit Musik aufgewachsen. Wir hatten einen einfachen Radioapparat, viel später, erst Ende der 1950er-Jahre gab es einen Schwarzweiß-Fernseher. Merkwürdigerweise wurde der dann in unserem Kinderzimmer aufgestellt und meine musikinteressierte Mutter sah darauf besonders gerne Opernübertragungen. Meine eigene Begeisterung speziell für klassische Musik gewann erst durch den Einfluss meines Mannes an Fahrt, als ich später mit ihm alle Opernvorstellungen und Konzerte, die es in Schweinfurt und Umgebung zu sehen gab, besuchte.

RELIGION

Bei uns zu Hause war man protestantisch und die Familie ging sonntags in die Kirche. Regelmäßig und unausweichlich. Man brauchte mich nicht besonders anzuspornen, eifrig zog ich schon als kleines Mädchen mein Sonntagskleid an und stand als erstes an der Türe. Meine Motivation wurde sicher nicht unwesentlich gesteigert durch das Bildchen, das wir Kinder bei jedem zehnten Kirchenbesuch erhielten. Darauf waren Motive von der Mission in Neuguinea oder anderen exotischen Orten abgebildet. Mein erster Kontakt mit der großen weiten Welt!

Mein kindlich-enthusiastisches Verhältnis zur Religion sollte erst während meiner Ausbildung in Schwäbisch Hall einen Dämpfer erhalten, wo tägliche Morgenandachten streng zum Programm gehörten.

Nach der Konfirmation waren wir reif genug für den Erwachsenengottesdienst. Unsere Gruppe ist immer noch verbunden: Nach fünfzig Jahren versammelten wir uns zur goldenen und zehn Jahre später die diamantenen Konfirmation. Mit vielen Kameradinnen meiner Kindheit bin ich so bis heute in Kontakt geblieben. Nur eine fehlt: Ausgerechnet meine wichtigste Kinderfreundin Ingrid habe ich komplett aus den Augen verloren.

FAMILIENURLAUBE

In den großen Sommerferien fuhren meine Eltern mit uns in Urlaub. Für gewöhnlich ging es zum Wandern in die Rhön. Wir reisten immer mit dem Zug. Da mein Vater wegen seiner schlechten Augen nie den Führerschein gemacht hatte, besaß unsere Familie kein Auto.

Meistens wanderten wir von einer Hütte zur anderen. Als wir klein waren, kamen wir Kinder bei den langen Strecken an unsere Grenzen, denn nicht selten war die Hütte, die unser Vater zur Übernachtung ausgesucht hatte, bei unserer Ankunft bereits voll belegt und wir mussten zur nächsten weiterlaufen. Bei der dritten voll belegten Hütte angekommen, verkündeten meine Eltern dann:

„Wir laufen keinen Schritt weiter, unsere Kinder können nicht mehr."

Schließlich fand sich meist doch noch eine Abstellkammer und wenigstens diese Nacht war gerettet.

RHEUMA

Im Alter von zwölf Jahren wachte ich eines morgens auf und irgendetwas stimmte nicht mit meinen Beinen. Ich rief meine Mutter:

„Ich glaube ich muss heute zu Hause bleiben, ich kann nicht laufen."

Sie hielt das für eine präpubertäre Ausrede, warf mir vor, mich vor der Schule zu drücken, ließ keine Einwände gelten und schickte mich trotzdem los. Nach wenigen Schulstunden klingelte es unten an der Türe. Zwei Schulkameradinnen hatten mich nach Hause getragen und berichteten durch die Sprechanlage:

„Die Traudl liegt unten und kommt die Treppe nicht hoch."

Mutter war erschrocken, hier musste wohl doch etwas Ernstes vorliegen. In unserer Familie gab es einige Fälle von Rheuma; auch Mutter und ihr Bruder waren betroffen.

Nun vermutete sie das Gleiche bei mir und wollte den Arzt rufen. Ich jedoch zeterte:

„Ich will keinen Arzt, ich will keinen Arzt!"

Also packte sie mich mit Wärmflasche ins Bett und türmte einen riesigen Stapel Decken über mich. Während sie mir Märchen vorlas, musste ich am ganzen Leib schwitzen.

„Du bleibst so lange im Bett, bis du alles rausgeschwitzt hast."

Ich musste eine Woche lang zu Hause bleiben, vermutlich verabreichte sie mir auch ihr Rheumamedikament, nach einer Woche jedenfalls war ich geheilt, konnte wieder in die Schule gehen und habe nie mehr eine vergleichbare Episode erlebt.

KATASTROPHALER SCHULAUSFLUG

Am ersten Schultag nach meiner Genesung stand ein Schulausflug auf dem Programm. Zu meiner großen Enttäuschung wollte der Lehrer mich nicht mitnehmen, weil es hieß, das sei noch zu anstrengend für mich. Abends kam meine Freundin aufgelöst vorbei und berichtete:

„Sei froh, dass du nicht dabei warst, dich hätte es sicherlich auch erwischt!"

Der Ausflug ging ins Wäldchen hinter der Stadt. Dort hatten die Kinder eine rostige Fliegergranate entdeckt, die sich im Baum verfangen hatte. Einer der Angeber-Jungen kletterte tollkühn hinauf, während die Mädchen kreischten:

„Spinnst du, lass das, das ist gefährlich!"

Bevor der Lehrer zur Stelle war zerriss eine gewaltige Detonation die Waldesstille. Die Bilanz der Verletzten war erschreckend: Ein Mädchen verlor das Augenlicht auf einem Auge, ein anderes war übersät mit Splittern. Beide mussten sofort ins Krankenhaus. Eine Dritte ist durch den Knall so erschrocken, dass sie den Bahndamm hinunterstürzte und sich dabei den Arm brach. Der Lehrer war schwer traumatisiert und die Stadt in Aufruhr. Nicht nur das Schweinfurter Tagblatt berichtete, sondern auch in der Bildzeitung konnte man von dem „Horrorausflug" lesen. Und die verletzten Kinder hatten noch lange mit den Folgen dieses Unglückstages zu tun.

Jugend

AUFKLÄRUNG

Als ich allmählich in die Pubertät kam, bemerkte ich, dass meine Freundin bei sich zu Hause selbstverständlich Toilette und Badezimmer abschloss. Diese Gewohnheit leuchtete mir ein und ich begann auch bei uns damit, hinter mir abzuschließen. Meine Mutter fing fürchterlich an zu schimpfen und hämmerte an die Tür:

„Mach auf, so etwas gibt es bei uns nicht, hier wird nicht abgeschlossen!"

Damals fand ich meine Mutter engstirnig und übergriffig und dachte bei mir: Hoffentlich werde ich nie so, wenn ich einmal Kinder habe.

In unserer Familie wurde über vieles gesprochen. Aber alles Körperliche fiel in diese tiefe Tabuzone, an der seit Generationen niemand zu rütteln wagte. Meine Mutter selbst war, wie so viele Frauen vor ihr, vollkommen unvorbereitet in die Herausforderungen des Frauseins gestolpert. Warum sollte es dann bei mir anders sein? Die einzige Erwachsene, die bei heiklen Themen nicht ins Stottern geriet, war Tanta Irma, die in der Wohnung über uns wohnte. Wenn sie mit uns Mädchen an den Main schwimmen ging, was meine Mutter ja nie gelernt hatte, sprachen wir mit ihr über dies und das, und fast nie blieb sie auch bei delikaten Themen eine Antwort schuldig. Meiner Mutter blieb das nicht verborgen und sie war besorgt, ich könne auch zu Tante Irma gehen, wenn ich meine Periode bekäme. Dabei wollte sie als Mutter hier doch wirklich die erste Ansprechpartnerin sein.

Ich stolperte trotzdem nicht komplett unwissend ins Frausein. Hannelore hatte mich, die Kleine, immer in den Laden geschickt, für sie die Camelia-Damenbinden zu kaufen, ihr selbst war das zu peinlich. Aber wer eine ältere Schwester hatte, hatte damit automatisch besseren Zugang zu den wirklich brisanten Informationen. Tuschelnd tauschten wir uns aus, und was sie wusste, wusste ich bald auch. Daneben fanden wir unsere eigenen Wege, unsere lückenhaften Kenntnisse diskret zu erweitern. Im elterlichen Bücherregal stand eine mehrbändige Ausgabe von Brockhaus Konversationslexikon. Wenn wir wussten, dass wir unbeobachtet waren, trauten wir uns kichernd, die Seite mit den anatomischen Abbildungen des Menschen aufzuschlagen, in großer Furcht, dabei entdeckt zu werden.

Bevor ich später mit siebzehn Jahren zur Ausbildung nach Berlin ging, nahm mein Vater mich einmal beiseite und versuchte, mich auf mögliche Herausforderungen, die ein junges und naives Mädchen in einer verruchten Großstadt ereilen könnten, vorzubereiten. Es blieb bei einem Versuch, denn auch ihm blieben die Worte im Halse stecken. So musste ich ihn erlösen, indem ich ihm schließlich versicherte, dass er unbesorgt sein könne und dass ich natürlich gut auf mich aufpassen würde.

DER GROSSE SCHWARM

Mein erster großer Jugendschwarm hieß Theodor von der Südheide. Er sah umwerfend gut aus, hatte ein knallgrünes Fahrrad und ging ins Gymnasium. Natürlich wünschte ich mir daraufhin nichts sehnlicher, als auch ein grünes Fahrrad zu besitzen – aber ich bekam nur ein schwarzes. Lange hatte ich wenig anderes im Kopf, als einen Blick auf meinen heimlich Angebeteten zu erhaschen. Bei jedem Gang durch die Stadt spähte ich verstohlen nach seinem markanten Fahrrad, das mir zuverlässig anzeigte, dass er in der Nähe war, und schon diese Ahnung jagte mir wohlige Schauer den Rücken hinunter. Ich glaube, er schwärmte umgekehrt auch für mich, aber keiner von uns getraute sich, sich zu offenbaren.

Jahre später, als ich schon in Berlin im Schwesternwohnheim wohnte, sollten wir uns noch einmal wiedersehen.

HAUSWIRSCHAFTSSCHULE

Die Volksschule endete mit der achten Klasse. Danach bewarb ich mich für die Hauswirtschaftsschule, ein Institut, das unter den jungen Mädchen damals so beliebt war, dass man sich erst durch eine Eignungsprüfung qualifizieren musste. Ich bestand, erhielt einen Platz und fuhr nun jeden Morgen drei Kilometer mit dem Fahrrad zum Unterricht. Dort vermittelte man uns Grundkenntnisse im Kochen, Nähen und Handwerken, dazu gab es die Fächer Biologie, Sozialkunde, Ernährungslehre, Hauswirtschaftstechnologie, Religion, Deutsch, Mathematik und wahlweise Englisch. In der Mittagspause von zwölf bis eins strampelte ich jeden Tag in aller Eile nach Hause, um dort hastig Mittag zu essen, und dann rechtzeitig wieder zurück beim Unterricht zu sein. In diesem Jahr nahm ich einige Kilos ab.

Meine Fahrradstrecke führte durch eine enge Bahnunterführung. Eines Tages bemerkte ich hinter mir einen Lastkraftwagen, der ausgerechnet dort begann, mich zu überholen. Das letzte, was ich erinnere, war mein Gedanke: Oh Gott, wenn der einen Anhänger hat, dann bin ich tot. Noch größer als die Sorge um mein Leben aber war die Sorge um mein neues Fahrrad. Als ich wieder zu mir kam, lag ich am Boden und eine aufgeregte Menge stand um mich herum. Ich wollte mich aufrappeln, ich müsse dringend zur Schule. Ein junger Mann kümmerte sich freundlich um mich und sagte:

„Die Schule kann warten, Sie sind verwundet, ich bringe Sie zum Arzt."

Wir liefen zur nächsten Tankstelle, wo er nach einem Arzt fragte. Man beschrieb uns den Weg in eine Praxis. Als wir diese, eine kleine tropfende Blutspur im Gang hinterlassend, erreichten, sagte die Frau des Arztes:

„Meinen Mann finden Sie hier nicht, er ist im Krankenhaus."

Erneut machte sich mein geduldiger Begleiter auf den Weg mit mir. Schließlich wurde ich im Operationssaal verarztet und ich bekam einen blutstillenden Verband um meinen verletzten Daumen. Nun gingen wir weiter zur Polizeiwache, ich wollte ja mein kostbares Fahrrad wiederhaben. Dort hieß es:

„Das Fahrrad haben wir hier, aber wir suchen noch nach dem Unfallverursacher, der wohl Fahrerflucht begangen hat."

Mein Begleiter errötete:

„Das war ich."

Während alle Umstehenden nur gafften, hatte er sich tatkräftig um mich gekümmert, ein Umstand, der ihn später auf Einwirken meines dankbaren Vaters vor einer Verurteilung wegen unerlaubten Entfernens vom Unfallort bewahrte.

RITTERGUT

Nach einem Jahr war die Haushaltungsschule beendet und mit fünfzehn Jahren musste ich mir Gedanken über die Wahl einer Berufsausbildung machen. Die Eltern versuchten zu helfen:

„Willst du ins Büro oder willst du Verkäuferin werden?"

„Nein, beides nicht."

„Ja was willst du denn dann werden?"

„Das weiß ich noch nicht."

„Na gut, wir fahren jetzt in Urlaub, und wenn wir zurückkommen, solltest du dich entschieden haben."

Während ich mir noch den Kopf über eine mögliche Zukunft zerbrach, blätterte ich in dem Sonntagsblatt, das meine Eltern abonniert hatten. Dort fiel mein Blick auf eine Anzeige: *Rittergut – Haustochter gesucht.* Meine Neugierde war geweckt, ich verfasste ein Bewerbungsschreiben und wurde quasi aus dem Stand heraus engagiert. Als meine Eltern zurückkamen, überraschte ich sie mit der Mitteilung, dass ich in Kürze meine erste Stelle als Kindermädchen antreten würde.

Das Rittergut lag auf halber Strecke zwischen Schweinfurt und Hof. Meine Fahrt ins Ungewisse war aufregend, schließlich war ich noch nie alleine gereist. In Bamberg musste ich umsteigen und in Lichtenfels holten mich meine zukünftigen Arbeitgeber ab. Am „Rittergut" angekommen, war ich etwas enttäuscht. Keine Pferde, und das Haus war zwar riesig groß, sah aber gar nicht wie die romantische Burg aus, die ich vor meinem inneren Auge imaginiert hatte. Ich wurde in mein Zimmer geführt und eine der ersten Fragen lautete:

„Du spielst doch hoffentlich Canasta? Das spielen wir jeden Abend."

In der Zeit vor der Ära des Fernsehens vertrieb man sich in fast jeder Familie die Freizeit mit gemeinsamen Spielen. Das kannte ich von zuhause, bei uns jedoch spielten wir Rommé.

„Dann wirst du es lernen müssen."

Die Familie hatte sieben Kinder, einige davon schon älter als ich, dazu eine sechzehnjährige Pflegetochter, die ihre Eltern im Krieg verloren hatte. Für die drei Kleinsten, ein Baby, ein Krabbelkind und einen Fünfjährigen, sollte ich, die Fünfzehnjährige, zuständig sein. Für mein Salär von vierzig D-Mark im Monat musste ich hart anpacken. Ich wickelte und fütterte das Baby, betreute unterdessen die beiden anderen quirligen Kleinkinder, versorgte jeden Morgen um sieben Uhr die Öfen, hatte im Garten zu tun und musste beim Putzen und bei den Essensvorbereitungen mitwirken. Ein besonderes Erlebnis war der große Schlachttag, der einmal im Jahr abgehalten wurde. Selbstverständlich war ich auch bei diesen außerordentlichen Arbeiten fest eingeplant.

Ich hatte keinen regelmäßigen freien Tag, aber manchmal durfte ich mit den großen Kindern einen Ausflug machen. Einmal gab es eine Fahrradtour zum Wallfahrtsort Vierzehnheiligen, ein anderer Ausflug ging nach Coburg ins Landestheater. Als ich mich in den prächtigen Räumen das erste Mal seit sehr langer Zeit im Spiegel erblickte, erschrak ich: Durch das harte Arbeiten hatte ich einen riesigen Appetit entwickelt und in wenigen Monaten so viel zugelegt, dass ich mich kaum wiedererkannte.

Im Gut hatte ich ein eigenes Zimmer, das jedoch im Winter nicht heizbar war. Auf dem Bett lag ein Plumeau, schwer, bauschig, aber viel zu kurz: Zog ich es bis ans Kinn, waren die Füße nackt, und bedeckte ich die frierenden Füße, lag der Oberkörper frei. Es war ein bitterkalter Dezember, und nach einer besonders eisigen Nacht wusste ich morgens nicht, was passiert war: Ich konnte nur unter Schmerzen auftreten und an den Füßen bildeten sich merkwürdige Blasen. Der Arzt attestierte Erfrierungen höheren Grades. Nun wurde mein Bett ins Zimmer, wo die Töchter des Hauses schliefen, verfrachtet und in einer Nische direkt am bollernden Ofen aufgestellt. Selig schlief ich ein, bis es großes Geschrei und Aufregung gab: Mein Federbett hatte Feuer gefangen. Nur mit großem Glück konnte der Brand schnell gelöscht werden und ich erlitt keine Verletzungen.

Zum Weihnachtsfest bekam ich frei, um mit meiner Familie zu feiern. Dort bemerkte man, dass ich statt unseres fränkischen Dialekts plötzlich ein tadelloses Hochdeutsch sprach und meine Mutter war ganz entzückt:

„So musst du jetzt immer sprechen!"

Nach den Feiertagen quälte ich mich zurück zur Arbeit, aber hatte bereits entschieden: Lange wollte ich diese Stelle nicht mehr behalten. Der Geburtstag meines Vaters war im Februar, und da es in unserer Familie immer selbstverständlich gewesen war, dass man Geburtstage zusammen feierte, nahm ich das als Vorwand, auf Mitte Februar 1956 zu kündigen und rechtzeitig zur Feier wieder zu Hause in Schweinfurt zu sein.

KINDERMÄDCHEN IN SCHWEINFURT

Nun war ich wieder zu Hause und musste mir Gedanken machen, wie es jetzt weitergehen sollte. Ich studierte das Schweinfurter Tagblatt. *Kinderschwester in Schweinfurt gesucht,* las ich. Zufällig war unsere Schneiderin anwesend, die sofort sagte:

„Das ist *deine* Stelle, geh hin und bewirb dich."

Ich zögerte: „Aber ich habe doch gar keine Kinderkrankenschwesterausbildung ..."

„Aber du hast Erfahrung mit Kindern. Wenn du dich dort nicht bewirbst, mache ich das für dich!"

Tatsächlich redete sie mit den Leuten und kam triumphierend zurück:

„Morgen kannst du hingehen und dich vorstellen."

Ich wurde vom Fleck weg engagiert und arbeitete den Rest des Jahres bei einer Familie mit drei kleinen Kindern in meiner Heimatstadt.

In der Ausbildungstracht

Ausbildung

KINDERPFLEGERIN IN SCHWÄBISCH HALL

Nun hatte ich genügend Erfahrung mit Kindern gesammelt, um sicher zu sein, dass ich bei der Diakonie in Schwäbisch Hall eine Ausbildung zur Kinderpflegerin absolvieren wollte. Zu Jahresbeginn 1957 sollte ich dort anfangen. Mein lieber Vater hatte immer noch ein schlechtes Gewissen, dass er mich zu meiner ersten Arbeitsstelle ganz alleine hatte fahren lassen, und schlug vor:

„Dies Mal begleite ich dich."

Wir kamen im Kinderheim Wilhelmsglück an. Inmitten streng aussehender Diakonissen mit schwarzem Kittel und weißer Haube und vielen aufgeregten und verschüchterten Neuankömmlingen nahmen wir im Speisesaal das Mittagessen ein. Bevor Vater sich verabschiedete sagte er:

„Soll ich dich wieder mitnehmen?"

Tapfer verdrückte ich eine Träne und verneinte, zugleich war ich ihm unendlich dankbar für diesen kleinen mitfühlenden Satz!

Den Beginn der Ausbildung absolvierte ich bei den „großen" Kindern im Kindergartenalter. Hier herrschte ein strenges Regiment. Es wurde vorrangig gestraft und befohlen – von liebevoller Zuwendung hielt man nicht viel. Nach dem Mittagessen wurden die Kinder auf den Topf gesetzt, und mussten darauf sitzenbleiben, bis etwas drin war. Das kannte ich so weder von zu Hause noch von den Familien meiner bisherigen Zöglinge – und ich fand es fürchterlich. Abends im Bett heulte ich vor Mitleid mit den Kindern, die alle aus schwierigen Verhältnissen kamen oder gar keine Eltern hatten und nach Liebe und Verständnis lechzten.

Während der Ausbildung rotierten wir von einer Abteilung zur nächsten: Von den Kindergartenkindern ging es zu den „Rutschern" und zuletzt zu den Neugeborenen. Dort verlor ich mein Herz an ein ganz besonderes Baby. „Fröschle", wie wir es liebevoll nannten, war eigentlich ein Wunschkind seiner Eltern gewesen. Aber weil es mit hervorstehenden Glubschaugen auf die Welt kam, hatte die Mutter es zur Adoption freigegeben. Als es zu uns kam war es erst wenige Tage alt, die Nabelschnur war noch nicht abgefallen, was dazu führte, dass eine zartbesaitete Mitschülerin bei diesem Anblick in Ohnmacht fiel. Obwohl „Fröschle" etwas gewöhnungsbedürftig aussah, nahm es alle für sich ein und war bald der Liebling der Station.

Die Tätigkeit auf der Neugeborenenstation gefiel mir am besten. Jede von uns hatte ein Lieblingsbaby, das sie besonders verwöhnte, in den Arm nahm und mit ihm spazieren fuhr. Mein Liebling hieß Joachim.

Der Tagesablauf im Heim war streng reglementiert: Um Viertel nach sechs wurden wir geweckt und um halb sieben Uhr mussten wir bei der Andacht sein, die rund zwanzig Minuten dauerte. Dann gab es schwarzen Kaffee mit altbackenem Weißbrot ohne Belag, das mir regelmäßig im Hals stecken blieb. Danach gingen wir auf Station und badeten die Babys, bis es endlich um neun Uhr ein sogenanntes zweites Frühstück mit den Resten des Mittagessens vom Vortag gab. Bis dahin hatten wir richtig Appetit. Dann ging es weiter mit der Arbeit: wickeln, Fläschchen geben, ausfahren, schlafen legen, bis es schließlich Zeit fürs Mittagessen war.

Ich teilte ein Zweibettzimmer mit einem viel älteren Mädchen, das schon voll ausgebildete Schwester war. Der Standard war der Zeit entsprechend: Natürlich gab es keine Dusche und für die Benutzung der Badewanne musste man sich rechtzeitig anmelden. Zudem hatten die Schülerinnenzimmer keine Heizung, nur auf den Fluren standen große Holzöfen. Fast immer aber waren wir nach der Arbeit zu kaputt, um uns die Mühe zu machen, dort anzufeuern. Wollten wir abends einmal ausgehen, mussten wir spätestens um halb zehn Uhr wieder zurück sein.

Dieses Jahr, weit weg von zu Hause und den strengen Diakonissenregeln unterworfen, war eine wirklich harte Zeit für mich. Im Oktober schon waren die Prüfungen. Ich hatte alles gut bestanden, aber das Ausbildungsjahr ging noch bis zum Ende des Kalenderjahrs, bis wohin man unsere kostenlose Arbeitskraft voll ausnutzte. Auf Betreiben meines Vaters durfte ich wenigstens einen Tag früher abreisen, um Silvester mit meiner Familie zu feiern. Am 31. Dezember um Mitternacht kam ich endlich zu Hause in Schweinfurt an, gerade noch rechtzeitig, um mit meiner Familie aufs neue Jahr anzustoßen.

Mein Vater war kein regelmäßiger Raucher, aber nach dem Mittagessen oder auch einmal nach einem schönen Abendessen steckte er sich eine Zigarette an und verzog sich damit aufs stille Örtchen. Schon als Kind mochte ich es, nach meinem Vater auf Toilette zu gehen, weil es dort so angenehm nach Rauch roch.

Als ich nun als frischgebackene Kinderpflegerin nach Hause zurückgekehrt war, und weil Silvester ein besonderer Tag war, bot mir mein Vater in Feierlaune eine Zigarette an. Ich hatte noch nie geraucht, fühlte mich plötzlich ungeheuer erwachsen und wollte sie eben anzünden, da schnalzte mir Mutter die Kippe aus dem Mund und sagte streng:

„Meine Tochter raucht nicht!"

STUTTGART

Nachdem ich staatlich geprüfte Kinderpflegerin war, wollte ich nun noch die höherwertige Ausbildung zur Kinderkrankenschwester dranhängen. Ich beschloss, Heimat und Familie ein weiteres Mal hinter mir zu lassen und bewarb mich weit weg in Berlin, wo die Ausbildung im Frühjahr beginnen sollte.

Nun galt es, die Zeitspanne von Neujahr bis zum Ausbildungsbeginn sinnvoll zu überbrücken. Meine Schwester erzählte mir von einem neu eröffneten Heim für berufstätige Mädchen in Stuttgart, wo sie mir eine Arbeitsstelle vermitteln konnte. Es war bitterkalter Winter, als ich dort anfing, Schnee und Eis hatten die Stadt im Griff. Meine Aufgabe war es, die Öfen im Haus zu betreuen. Das war richtig harte Arbeit. Schon vor dem Morgengrauen musste ich die Kohlen aus dem Keller hochschleppen, die Öfen anzünden, regelmäßig nachlegen und natürlich Asche und Ruß entsorgen. Sechs Wochen lang malochte ich dort, war rußgeschwärzt und weiß heute gar nicht mehr, ob ich dafür überhaupt ein Taschengeld gekriegt habe.

KINDERSCHWESTERNAUSBILDUNG IN BERLIN

Zum 1. April 1958 reiste ich nach Berlin, und zwar das erste Mal im Leben mit dem Flugzeug. Angekommen bei meiner Ausbildungsstelle in der Karl-Schrader-Straße in Schöneberg, der Frauen- und Kinderklinik des Berliner Krippenvereins, schickte man mich direkt zur Kleiderprobe und ich wurde in die klassische Schwesterntracht eingekleidet. Ich fühlte mich wie eine Nonne: dunkles, bis fast an den Boden reichendes Kleid, dazu weiße Schürze und Haube. Schwarze Schnürschuhe sollten das Outfit komplettieren. Da ich durch meine Erfrierungen immer noch Probleme mit den Füßen hatte, wurde mir mit ärztlichem Attest gestattet, offene Sandalen zu tragen, ein Zugeständnis mit Glamourfaktor, um das mich meine Mitschülerinnen beneideten. Aber schwarz mussten sie sein. Für die Haare waren Knoten und Mittelscheitel vorgeschrieben. Kurz vor meiner Abreise hatte ich mir noch eine Dauerwelle machen lassen, die sich unter dem Häubchen kaum bändigen ließ. Bei der Anprobe vermerkte man das naserümpfend, denn Eitelkeit – auf die eine Dauerwelle schließen ließ – war in diesem Institut streng verpönt.

Der Ärger mit meinen Haaren sollte notorisch werden. Beim ersten Urlaub zu Hause entwickelte ich spontan die Idee, mein kastanienfarbenes Haar blond färben zu lassen. Wow, sagten alle, sieht das gut aus! Ich genoss den Urlaub als Blondine. Mir war jedoch klar, dass ich mit diesem Erscheinungsbild nicht in Berlin auftauchen dürfte. Vor meiner Rückreise also schlich ich kleinlaut wieder zum Friseur mit der Bitte, er möge meine Haarfarbe zurück in den Originalzustand versetzen. Er tat sein Bestes, aber wohl nicht genug, denn ich wurde sofort zur Schwester Oberin gerufen, die sagte:

„Sie wissen doch, eine Schwester darf nicht eitel sein!"

Ich erwiderte: „Das bin ich natürlich nicht."

„Und was ist mit Ihren Haaren?"

„Was meinen Sie? Ich war mit meinen Eltern am Tegernsee. Dort lag ich vier Wochen lang in der Sonne. Sie glauben gar nicht, was das immer mit meinen Haaren macht!"

Neben der praktischen Ausbildung wurden die Fächer Krankenpflege, Krankheitslehre, Hygiene, Physiologie und Anatomie gelehrt. Aller Unterricht wurde von den Diakonissen gehalten, die traditionsgemäß ihren Dienst am Nächsten als Auftrag Jesu Christi verstehen. Wie Ordensschwestern waren sie zu einem einfachen Lebensstil, Ehelosigkeit und Gehorsam verpflichtet. Entsprechend keusch und züchtig waren sie, was die Sprache anging: Schon die Bezeichnung der Geschlechtsorgane wollte ihnen nur unter spürbarer Pein und mit hochrotem Kopf über die Lippen gehen. Ob das im Anatomieunterricht die besten Voraussetzungen für einen detaillierten Umgang mit delikaten Details darstellte?

Fast alle Schwesternschülerinnen logierten im institutseigenen Wohnheim. Im ersten Ausbildungsjahr drängten wir uns in Vierbettzimmern, im Jahr drauf gab es schon Dreibettzimmer, und die Absolventinnen des Abschlussjahres genossen den Luxus von Doppelzimmern. Es galten strenge Regeln: Keine Besuche auf dem Zimmer, und Tabak- und Alkoholgenuss waren tabu.

Zu Beginn teilte ich das Turmzimmer mit drei Mitschülerinnen – und mit meiner Schildkröte Peggy, die ich, einem witzigen Einfall folgend, in einer Zoohandlung am

Ku'damm erworben hatte. Ich versorgte sie mit Salatblättern aus der Küche und genoss ihre schweigende und unaufdringliche Kameradschaft. Nach einer Weile fing sie an, zu humpeln. Besorgt brachte ich sie zum Tierarzt. Der attestierte dem Tier einen Mangel an Vitamin B12 und verordnete ihr Sonnenschein.

Wie sollte das gehen? Ich hatte keinen Garten zur Verfügung und gelegentliche Ausflüge in den Park würden das Problem nicht lösen. Aber ich hatte eine Idee: Gut verpackt in einer Kiste reiste sie – standesgemäß auf dem Luftweg – vom Flughafen Tempelhof nach Stuttgart, und von dort weiter nach Bad Boll, wo meine Schwester ihre Ausbildung zur Sozialsekretärin machte. Sie sollte das Tier mit in den Urlaub ans Meer nehmen. Unter der Sonne des Südens kam Peggy tatsächlich wieder zu Kräften und ich musste einsehen: Schildkröten sind nicht fürs Wohnheim gemacht, und Berlin war einfach nicht ihre Welt.

WIEDERSEHEN MIT THEODOR

Meinen Jugendschwarm Theodor von der Südheide hatte ich immer noch nicht vergessen, und selbstbewusst und forsch, wie ich mittlerweile geworden war, beschloss ich, ihn in die Hauptstadt einzuladen. Er trat die Reise an und meldete sich vorschriftsmäßig unten am Empfang:

„Von der Südheide."

Daraufhin die Schwester am Empfang: „Wir wollen nicht wissen, woher Sie kommen, sondern wie Sie heißen!"

Leicht befangen saßen wir dann in meinem Zimmer und unterhielten uns stockend. Bestürzt wurde mir klar, dass mein über Jahre genährtes Interesse an ihm komplett verflogen war und die Lichtgestalt meiner Träume zu einem sehr normalen etwas spießigen jungen Mann geschrumpft war. Wie kam ich nur aus dieser Nummer raus? Es gelang mir, meine Zimmerkollegin Gisela, die an diesem Abend frei hatte, zu überreden, statt meiner mit ihm auszugehen. Ihm erklärte ich, dass ich leider Dienst habe, aber dass meine Freundin sich gerne um ihn kümmern wolle. Als Gisela spätabends zurückkam, wollte ich alles wissen:

„Sag schon, wie war's?"

„Hmmm. Der ist irgendwie auch nicht so ganz mein Fall, der hält ja nur Händchen und sonst gar nichts …"

Damit war das Kapitel Theodor erledigt.

EVA

Meine Zimmergenossin im letzten Jahr war Eva. Sie war eine starke Raucherin und unser Zimmer war meistens in dichte Schwaden gehüllt, die bis auf den Gang hinausquollen. Ganz offensichtlich war ihre Sucht stärker als mein Einspruch oder die Angst vor Sanktionen. Es dauerte nicht lange, bis sie aufflog. Sie bekam fürchterlichen Ärger und wurde in eine winzige Kammer unter der Treppe strafverlegt.

Abends mussten wir pünktlich um elf Uhr zurück sein, bei Zuwiderhandlung drohten strenge Verweise. Doch manchmal passierte es trotzdem: In Berlin rannten gerade alle in den Film *Die Brücke am Kwai*. Ich hatte mich zum Ausgehen fein gemacht und hatte meine Schwesterntracht gegen einen herrlichen Mantel und hochhackige Schuhe eingetauscht. Erst nach dem Ende der Kinovorstellung wurde mir klar, dass der Film Überlänge hatte und ich es kaum noch beizeiten ins Wohnheim schaffen würde. Ich stürmte die Treppe herunter – nichts wie heim, sonst gibt es schlimmen Ärger – und stolperte und stürzte. Mein teurer Mantel war zerrissen und mein Absatz abgebrochen ... Die Schlüssel mussten bis elf Uhr eingeworfen sein, das war jetzt schon vorbei. Ich griff zum letzten Mittel, humpelte auf die Frauenstation, wo eine freundliche Nachtschwester Dienst hatte und bettelte:

„Nehmen Sie noch meinen Schlüssel? Aber bitte nichts sagen!"

Schnell fand ich eine beste Freundin unter meinen Mitschülerinnen, eine der wenigen, die nicht im Wohnheim wohnte. Sie hatte eine eigene Bude in Neukölln. Wenn wir am Wochenende gemeinsam frei hatten, gingen wir aus. Wir brezelten uns auf und nahmen die U-Bahn in die Hasenheide, wo die Brauereien und die Tanzsäle waren. Nichts deutet heute mehr darauf hin, dass sich dort einst einer der berühmtesten Tanzpaläste Berlins befand, das legendäre *Ballhaus Resi* mit seinen Wasserspielen, seinen gedeckten Tischen und der Rohrpost, mit der die Herren ausgesuchten Damen auch an weit entfernten Tischen noch diskrete Nachrichten zukommen lassen konnten. Da wollten wir hin! Ich bestellte eine Flasche Wein. Als der Kellner mit zwei Gläsern kam, winkte meine Freundin ab:

„Ich trinke nichts."

„Aber ich kann doch nicht die ganze Flasche alleine trinken!"

Ich fand dann einen charmanten Mittrinker, aber trotzdem war ich, die kaum etwas gewohnt war, am Ende des Abends mehr als angeschickert. So konnte ich nicht im Wohnheim aufkreuzen! Wir übernachteten bei der Freundin und fuhren am nächsten Tag gemeinsam zum Dienstbeginn zur Klinik. Schon auf der Treppe kam uns eine Mitschülerin entgegen und stammelte leichenblass:

„Die Eva …!"

Eva, meine ehemalige rauchende Zimmergenossin. Sie hatte sich, während wir feiern waren, vom Dach des Krankenhauses in den Tod gestürzt.

DER KONDITOR

An den freien Abenden und Wochenenden genoss ich die Freuden des Ausgangs und es dauerte nicht lang bis sich mehr oder weniger ernsthafte Verehrer um mich bemühten. Einer von ihnen, ein Konditor legte sich sehr ins Zeug und wurde für eine Weile zu meinem ständigen Begleiter. Ein guterzogener junger Mann, der früh seinen Vater verloren hatte, aber stets sehr wertschätzend von seiner Mutter sprach. Im Betrieb stellte er sich offensichtlich sehr gut an, denn man hatte ihm in Aussicht gestellt, eines Tages die Konditorei übernehmen zu können. Er lag mir förmlich zu Füßen, leider jedoch hatte ich selbst nie so richtig das Gefühl, wirklich etwas von ihm wissen zu wollen. Für ihn wiederum sprach seine Isetta, dieses unsterblich schicke kleine Mini-Auto von BMW mit drei Rädern, das man zum Einsteigen vorne aufklappte und mit dem er samstagabends vorfuhr, um mich zum Tanzen abzuholen.

Nach einigen Monaten unserer Liaison stand Weihnachten vor der Türe und meine Freundin fragte mich:

„Na, was wirst du ihm schenken?"

„Keine Ahnung, viel lieber würde ich ja mit ihm Schluss machen."

„Dann schenk ihm doch einen Kaktus, dann kriegt er die Botschaft!"

DIE DIEBISCHE INGRID

Wenn ich nicht tanzen ging, gönnte ich mir ab und zu eine Karte für die Deutsche Oper in der Bismarckstraße. Die Liebe zum Musiktheater hatte ich von meiner Mutter, die selbst eine enthusiastische Operngängerin war und mich stets ermahnt hatte:

„Nütz' die Zeit aus in Berlin!"

Kurz vor Weihnachten hatte ich frei und verabredete mich mit meiner Mitschwesternschülerin Ingrid zum Einkaufsbummel im mondänen und teuren KdW. Ich hatte mein Erspartes geplündert und wollte mit prall gefülltem Portemonnaie ein richtig elegantes schwarzes Kleid für die Oper kaufen. Als ich nun eine sündhaft teure Robe nach der anderen anprobierte, meinte sie:

„Traudl, weißt du was? Wir kaufen dir lieber einen tollen Stoff, ich näh' dir dann daraus dein persönliches Traumkleid."

Wir wählten einen luxuriösen, schweren, glänzenden Seidenstoff, dazu ein elegantes Schnittmuster, und ich träumte schon von meinem Auftritt im maßgeschneiderten Abendkleid. Zum Dank kaufte ich für uns beide zwei Tickets für eine Opernvorstellung mit Karl Böhm. Nach der Vorstellung schlug sie vor:

„Komm, wir lassen uns ein Autogramm geben."

Wir suchten den Künstlereingang und reihten uns ein in die lange Schlange der Verehrer und Verehrerinnen, die dem berühmten Maestro ehrfurchtsvoll ihr Programmheft entgegenreckten. Als wir stolz mit seinem schwungvollen

Signet davonzogen, bemerkte ich plötzlich, dass mein Portemonnaie fehlte. Darin war nicht nur meine Postbankkarte, mit der jeder mein Konto hätte plündern können, sondern auch noch eine richtig große für das Kleid vorgesehene Summe Bargeld.

Zurück im Schwesternheim gab es gerade eine Sammlung für ein Geburtstagsgeschenk, zu der ich ohne Bargeld nichts beitragen konnte, und bei dieser Gelegenheit erzählte ich der Schwester Oberin von meinem Pech. Sie wollte wissen, wie das passieren konnte, und ich berichtete ihr, dass ich am Abend zuvor mit Ingrid in der Oper war.

„Mit der Ingrid aus deinem Kurs?"

„Ja, mit der bin ich befreundet."

„Ja, dann weiß ich, wo dein Portemonnaie zu finden ist.

„… ??? …"

„Die Ingrid hat es gestohlen."

„Nein, das kann nicht sein, das muss im Gedränge in der Oper passiert sein."

Um nichts in der Welt konnte ich mir vorstellen, dass meine Mitschülerin so etwas tun würde. Nun – ich lag falsch. Ingrid musste sofort die Schule verlassen, denn nachweislich war es nicht das erste Mal, dass sie ganz offensichtlich in einen Diebstahl verwickelt war. Meinen teuren Stoff für das Kleid hatte sie bei ihrem unfreiwilligen Abgang mitgehen lassen. Ich machte ausfindig, wo sie nun wohnte, klingelte und forderte sie auf, mir mein Eigentum zurückzugeben. Sie warf mir vor:

„Ich denke gar nicht daran! Du bist schuld, dass ich geflogen bin."

Schlussendlich jedoch händigte sie mir meinen Stoff kleinlaut aus

Der Winter in Berlin war hart, lang und dunkel. Die Stadt versank in Schnee, spiegelglatte Straßen, heftige Windböen und eisige Temperaturen verleideten einem das Ausgehen. Ich war traurig, Weihnachten nicht mit meiner Familie verbringen zu können, aber ich war über die Feiertage zum Dienst eingeteilt. Natürlich hatte ich meinem Konditorfreund von der Diebstahlaffaire erzählt. Vor meinem Dienst an Heiligabend überreichte er mir ein aufwändig verpacktes Päckchen. Als ich es später öffnete, fand ich darin ein wunderschönes ledernes Portemonnaie. Ich errötete: Hatte ich für ihn doch nur eine schnöde Kaktuskerze vom Weihnachtsmarkt verpackt!

Am ersten Weihnachtsfeiertag hatte ich frei und hatte es mir gerade in einer heißen Badewanne gemütlich gemacht. Da klingelte das Telefon unten von der Pforte. Besuch für mich. Ich hatte keine Ahnung, wer das sein könne, hatte ich mich doch mit niemandem verabredet. Schnell machte ich mich fertig und eilte nach unten. Dort stand eine junge Frau, die sich als die Schwester meines Konditors vorstellte.

„Wie konnten Sie meinem Bruder so etwas antun? Er macht Ihnen ein wunderschönes und teures Geschenk und Sie, Sie schenken ihm einen Kaktus!"

Total verlegen stammelte ich, dass ich doch eigentlich hatte Schluss machen wollen, und nur nicht wusste, wie ich ihm das schonend hätte beibringen können. Die Liaison war mir unversehens viel zu eng und verbindlich geworden. Er sprach bereits vom Heiraten, während ich mich noch viel zu jung fühlte, um mich fest zu binden. Seine Schwester forderte mich auf, mit ihr an die nächste Straßenecke zu kommen, wo er wartend im Auto saß. Hier sei ja wohl eine Entschuldigung fällig. Das konnte und wollte ich nicht. Stattdessen gab ich der Schwester das teure Geschenk zurück – und habe meinen Verehrer nie mehr gesehen.

IM FILMMILIEU

Berlin war voller interessanter junger Männer. In meiner Stuttgarter Zeit hatte ich den Film *Immer, wenn der Tag beginnt* gesehen und war Feuer und Flamme für den Schauspieler Markus Schaaf. Schon damals wusste ich, dass ich nach Berlin gehen würde und hatte mir vorgenommen, diesen attraktiven Mann dort kennenzulernen.

Einmal bot sich durch Markus die Gelegenheit, bei seinen Dreharbeiten in den Filmstudios am Wannsee dabei zu sein. Fast hätte ich bei der Premiere draußen bleiben müssen: Ich sah so jung aus, dass man mir nicht glaubte, über sechzehn zu sein. In aller Eile hetzte ich nach Hause, um meinen Personalausweis zu holen. Bei anderer Gelegenheit saßen wir mit Markus und seinen Schauspielerkollegen in der Cafeteria. Ich hörte ihn sagen:

„Jetzt hätte ich Lust auf ein schönes Stück Torte."

So etwas gab es in der Cafeteria nicht. Eilfertig setzte ich mich aufs Fahrrad und radelte den ganzen Weg vom Wannsee nach Zehlendorf, wo ich in der Konditorei ein wunderbares Stück Torte für meinen Schwarm aussuchte. Das balancierte ich zu seiner Mutter, die in der Gegend wohnte, und bat sie atemlos, ihm die süße Überraschung bei seiner Rückkehr zu überreichen. Der Weg vom Südrand der Stadt bis nach Hause nach Schöneberg war weit und ich war jetzt schon am Ende meiner Kräfte. Außerdem

witterte ich eine willkommene Gelegenheit, Markus wie-
derzusehen, wenn ich mein Fahrrad bei seiner Mutter ab-
stellte.

Am kommenden Sonntagmorgen um zehn Uhr klingelte
ich an seiner Türe. Markus kam im Bademantel herunter
und wunderte sich, wer etwas um diese Uhrzeit von ihm
wollen könnte.

„Ich wollte nur mein Fahrrad abholen …"

DER FOTOGRAFIERENDE VEREHRER

Manchmal war ich über einige Wochen zur Nachtwache
eingeteilt. Das verschaffte mir kostbare Freizeit tagsüber,
auch wenn natürlich eigentlich vorgesehen war, sich während dieser Stunden für die nächste Nachtschicht zu erholen. Ich hatte gerade einen etwas älteren Mann näher kennengelernt. Er nutzte jede Gelegenheit, sich mit mir zu ver-
abreden und machte keinen Hehl daraus, dass ich ihm gefiel. Immer dabei war seine Kamera, die er bevorzugt auf
mich richtete. Ich fand das eine Weile lang ganz reizvoll,
beschloss dann aber, dass dieser Verehrer deutlich zu alt
für eine ernsthaftere Verbindung sei, und servierte ihn
bald wieder höflich ab.

Auslandspläne

ENGLISCH LERNEN

1960 war meine Ausbildung beendet. Ich packte meine Sachen, nahm Abschied vom Großstadtleben und ging erstmal zurück nach Hause. Dort eröffnete ich meinen erstaunten Eltern meinen nächsten Plan: Ich wollte noch ein wenig als Säuglingsschwester arbeiten, um mir das Geld für den Flug zu verdienen und dann nach Amerika auswandern.

Meine Eltern selbst waren ausgesprochen heimatverbunden, aber etliche ihrer Verwandten waren ins Ausland gegangen und so gab es bereits familiäre Verbindungen in die USA. Englisch als Schulfach war in den 1950er-Jahren noch nicht Pflicht und kaum eine meiner Klassenkameradinnen hatte sich dafür interessiert. Mein Vater hatte jedoch immer darauf bestanden, dass ich Englisch belege, und dafür bin ich ihm heute noch dankbar.

Zum ersten Mal in direkten Kontakt mit englischen Muttersprachlern kam ich bei einer amerikanischen Familie auf dem Kiliansberg in Schweinfurt. Alle der eleganten Gründerzeitvillen auf dem Hügel hoch über Schweinfurt waren seit der Kapitulation 1945 von Amerikanern besetzt. Hier hatte ich ein wunderbares Experimentierfeld für meine ersten eigenen Sprachversuche. Der Anfang war schwer, aber die Kinder, die ich auf der Straße traf, gaben sich große Mühe mit mir. Wenn ich sagte: „Ich komme *morning* wieder", korrigierten sie mich: „Aber Waltraud, das heißt doch *tomorrow*!"

Wie gut hätte es mir gefallen, fließend Englisch zu sprechen! Und jeder riet mir: Richtig lernen wirst du die Sprache nur direkt im Land. In dieser Zeit reifte mein Plan, später einmal in die USA zu gehen. Hochmotiviert meldete ich mich für einen Fernkurs auf einer International School an, büffelte Vokabeln und schrieb kleine Texte, und noch auf Schloss Weitenburg erledigte ich abends nach der Arbeit meine Übersetzungsaufgaben.

Als mein Plan auszuwandern Form angenommen hatte, musste noch das Geld für den Flug verdient werden. Dafür ging ich für eine weitere Kinderschwesterstelle in einer Familie mit zwei kleinen Mädchen nach Darmstadt. Neben der Arbeit schrieb ich mich für den letzten Sprachschliff an der Darmstädter Berlitz School ein. Ich war die einzige Frau in der Gruppe, alle anderen waren Geschäftsmänner, die Englisch für den Beruf lernen mussten.

Einer der Teilnehmer fiel mir gleich zu Beginn auf. Herr Sandmann war bescheiden und freundlich und bald erfuhr ich, dass er im Krieg gewesen war und noch keine Freundin hatte. Wir verstanden uns gut, und es war unübersehbar, dass er mir Avancen machte. Ich war nicht abgeneigt, er sah nett aus und gab sich Mühe. Etwas irritiert war ich, als ich merkte, dass er sich offensichtlich drückte, mich auszuführen zu müssen. Endgültig desillusioniert wurde ich jedoch, als wir zur Eröffnung des ersten Brathendllokals Darmstadts gingen, das mit dem Spruch warb: *„Heute bleibt die Küche kalt, wir gehen in den Wienerwald"*. Bevor wir das Lokal betraten, raunte er mir zu:

„Wir trinken aber nur etwas – essen tun wir nichts!"

Bei der Veranstaltung kam ich mit einem sympathischen Amerikaner ins Gespräch, der sagte:

„Kommen Sie, ich lade Sie beide zum Hähnchen ein."

Ich erwiderte höflich: „Nein danke, wir wollten nur etwas trinken."

Mein sparsamer Begleiter nahm mich später ins Gebet, warum um Himmels Willen ich denn die großzügige Einladung für uns beide ausgeschlagen hätte.

Ich erklärte ihm entrüstet: „So weit kommt's noch, dass wir uns von einem Dritten einladen lassen."

Damit war unsere kaum begonnen Romanze zu Ende. Wer wollte sich schon mit einem notorischen Geizhals einlassen?

SCHLOSS WEITENBURG

Meine erste Stelle als zertifizierte Säuglingsschwester führte mich 1961 auf ein Schloss hoch über dem Neckar in der Gegend von Tübingen. Die Weitenburg, eine große dreiflügelige Anlage mit vielen Nebengebäuden, gehörte den Baronen von Schell. Bereits in den 1950er-Jahren hatten sie ihren Stammsitz in ein stilvolles Schlosshotel umgewandelt.

Die Familie war es gewohnt, sich mit Personal zu umgeben: Köchin, Haushaltshilfen, Putzfrau etc. waren für alle Belange des Haushalts zuständig. Meine Aufgabe würde diesmal ausschließlich darin bestehen, mich Tag und Nacht um den kleinen Felix zu kümmern, damit Frau Baronin sich ihren gesellschaftlichen Verpflichtungen widmen konnte. Ich verstand mich von Anfang an sehr gut mit meinen Arbeitgebern und bald entstand eine geradezu freundschaftliche Beziehung, die über lange Jahre anhielt. Gleich beim ersten Anblick schloss ich meinen Zögling,

Mit Täufling Felix auf Schloss Weitenburg

den kleinen Felix in mein Herz Er war fröhlich und pflegeleicht und wurde fast wie mein eigenes Kind.

Wenn er zuverlässig schlief, ging ich im Sommer manchmal den Berg hinunter ins Tal, wo es eine schöne Badestelle im Neckar gab. Nach und nach fiel mir dort ein Mann auf, der mal mit einem Peugeot mit Reutlinger Kennzeichen vorfuhr, ein nächstes Mal lässig aus einem Sportwagen stieg und beim dritten Mal einen glänzend polierten Oldtimer chauffierte. Er sprach mich an, bald kannten und grüßten wir uns schon und

ich erfuhr, dass er Lederfabrikant sei. Als er hörte, dass ich aus Schweinfurt gebürtig war, meinte er:

„Wichtige Industriestadt. Die wollte ich mir schon lange mal anschauen."

Nach einer Weile schlug er mir bei einem der häufigen Treffen vor, ein paar Tage Urlaub zu nehmen. Wir könnten in seinem Sportwagen einen Ausflug nach Schweinfurt machen. Die Baronin wollte mir den Wunsch gerne erfüllen, war aber gleichzeitig zutiefst beunruhigt:

„Was mache ich denn, wenn mit dem Kind etwas ist?"

Sie war es gar nicht gewöhnt, mit ihrem Säugling alleine umzugehen. Ich versuchte sie zu beruhigen, zeigte ihr alle Handgriffe beim Wickeln, Füttern und Baden, und meinte im Übrigen:

„Es sind ja nur drei Tage, das schaffen Sie schon."

In Schweinfurt schlief ich bei meinen Eltern, mein Begleiter hatte sich ein Hotelzimmer genommen. Undenkbar wäre es damals gewesen, dass wir uns ein Pensionszimmer teilten, oder dass ich nur zu Besuch auf sein Zimmer gekommen wäre. Er gab den Geschäftsmann und vereinbarte Termine bei den großen Schweinfurter Firmen Fichtel & Sachs und FAG Kugelfischer, um dort die ledernen Arbeitshandschuhe aus seiner Fabrikation vorzustellen. Als meine Eltern ihn schließlich kennenlernten, hieß es:

„Ach, der ist ja nett, der hätte ja auch bei uns schlafen können."

Offensichtlich hatte sie der smarte Lederfabrikant mit dem schnittigen Auto beeindruckt.

Auf der Rückfahrt begann er, unmissverständliche körperliche Annäherungsversuche zu machen. Offensichtlich betrachtete er mich jetzt schon als seine Freundin. Mir jedoch war das peinlich und unangenehm.

Zurück auf Schloss Weitenburg hatte ich dem Baron von meinem Verehrer erzählt und auch davon, dass ich mit ihm Schluss machen wollte. Mir wurde das zu schnell zu eng, jetzt redete er gar schon davon, mich seinen Eltern vorzustellen. Als mein Lederfabrikant nun auf dem Schloss anrief und mich sprechen wollte, hatte er den Herrn Baron am Apparat. Der nahm die Angelegenheit väterlich in die Hand und erklärte resolut und überzeugend, dass seine Schutzbefohlene für einen weiteren Kontakt nicht zur Verfügung stünde. Ich war erleichtert und innerlich froh, dass diese Affäre harmlos und rein platonisch geblieben war.

Der Vater der Baronin von Schell war ein feiner und hochgebildeter Mann. Ihre Mutter hingegen war menschlich schwierig und verhielt sich mehr als übergriffig. Wegen dieser Frau hätte ich fast meine Stelle gekündigt. Auslöser war die Taufe meines „Neugeborenen", ein hoher gesellschaftlicher Anlass. Viel blaues Blut war geladen, darunter Namen wie Hohenzollern oder andere gräfliche Hoheiten. Ich selbst hatte an diesem Tag keine besondere Aufgabe. Etwas verloren stand ich im Hintergrund der Feierlichkeiten herum und fühlte mich mehr als Teil der Dekoration. Jemand bemerkte mich und sagte:

„Schwester, setzen Sie sich doch."

„Danke, nein, ich muss nicht sitzen."

Schließlich hatte ich mich aber doch bitten lassen und mich bescheiden in die letzte Reihe platziert. Am folgenden Tag, als ich den kleinen Felix oben im Kinderzimmer zum Schlafen legte, kam Madame Schwiegermutter zu mir.

„Schwester, wann füttern Sie das Kind?"

„Jetzt schläft er ja erst einmal. Mal sehen, wann er wieder hungrig wird."

„Also ich – ich hatte damals eine hervorragende englische Nurse. Meine Kinder wurden von ihr pünktlich alle vier Stunden gefüttert. Wissen Sie nicht, dass Kinder einen strengen Zeitplan brauchen?"

„Madame, das war vielleicht damals üblich, heute macht man das nicht mehr. Heute richtet man sich nach den Bedürfnissen des Kindes."

Mit so viel Frechheit hatte ich bei ihr endgültig verspielt, war sie doch schon gekommen, um mich zu maßregeln, dass ich bei der Veranstaltung einen Sitzplatz beansprucht hatte, während die Gräfin stehen musste.

Nach diesem Streit hatte ich keine Lust, unten bei der gemeinsamen Mahlzeit aufzutauchen. Mein Fehlen wurde bemerkt, und die Köchin wurde geschickt, nach mir zu sehen.

„Man vermisst dich, ich soll dich holen."

„Ich habe keine Lust, wieder von der ollen Schwiegermutter angegangen zu werden. Ich komme nicht."

Wenig später klopfte der Herr Baron persönlich:

„Was ist los mit ihnen, Sie werden vermisst. Sind sie heute nicht hungrig?"

„Nein. Ich kündige."

„Hat das eventuell etwas mit meiner Schwiegermutter zu tun"

„ …!"

Er konnte mein Schweigen lesen.

„Beim letzten Aufenthalt von Madame wollte das gesamte Hotelpersonal kündigen. Und jetzt Sie. Ich werde dafür sorgen, dass Sie sie hier nicht mehr sehen. Sie aber bleiben."

Wenige Stunden später sah man die Schwiegermutter mit verkniffener Mine einen Wagen besteigen und gehüllt in eine große Staubwolke abreisen. Ihr Mann hielt sich aus dem Drama raus und beobachtete die Szene mit Gleichmut. Nach der Abreise seiner Gattin blieb er noch viele Wochen!

Zum Glück kam Frau Baronin nach ihrem Vater. Reizend und freundlich zu allen Angestellten bildete sie das komplette Gegenteil zu ihrer Mutter. So kam es, dass wir noch lange nach meiner Zeit mit ihrem Felix-Baby in freundschaftlichem Kontakt standen. Bei meinen regelmäßigen Besuchen erwartete mich stets ein besonders schönes Zimmer im Schlosshotel, und eine Rechnung wurde nie gestellt. Mein Felix ist heute sechzig Jahre und auch mit ihm bin ich immer noch in regelmäßiger Verbindung.

DER BELGISCHE MAJOR

1962 schließlich konnte über meine Tante – eine Cousine meiner Mutter, die bereits 1910 ausgewandert war – die für die Einreise in die USA notwendige Bürgschaft organisiert werden. Bis ich die Papiere zusammen hatte, nahm ich noch einmal eine Stelle in Düren an. Im dortigen Schwimmbad lernte ich einen belgischen Major kennen, der sich unsterblich in mich verliebte. Bevor der Herr Major jedoch abends mit mir ausgehen konnte, musste er immer noch seinen Verpflichtungen in der Kaserne nachkommen. Er ließ mich dann im Auto sitzen und sagte:

„Wartest du eben hier, ich komme gleich zurück, ich muss nur noch mit meinen Leuten beten."

Als ich schließlich nach Frankfurt fahren musste, um mein Visum für die USA abzuholen, bat er mich, auf dem

Rückweg in Köln auszusteigen, er wolle mich dort angesichts meiner bevorstehenden Abreise richtig schick ausführen. Er legte sich immens ins Zeug: Erst ein sündhaft teures Restaurant, wo unsere Gerichte vor unseren Augen publikumswirksam flambiert wurden. Später folgte der erste Nachtclubbesuch meines Lebens: Tanz und Champagner bis in die Morgenstunden. Danach fuhr er mich, müde und gar nicht mehr nüchtern, in eine Wohnsiedlung. Wir hielten vor einem Haus. Angeblich das eines Armeekollegen, der in Urlaub war. Als er die Türe öffnete und mich, die Hand um meine Hüfte gelegt, hineinbat, wurde es mir mulmig. Schließlich betrachtete ich unsere Beziehung als rein platonisch. Was sollte ich tun? Ich entschied mich, einfach Reißaus zu nehmen. Zum Glück wusste ich, dass die Schwester unserer Köchin in der Nähe wohnte. Dort bin ich tatsächlich mitten in der Nacht untergekommen. Am folgenden Tag rief mein verlassener Galan mich an. Ich bellte ins Telefon:

„Es ist Schluss."

Wortreich entschuldigte er sich und überredete mich, ihm noch einen Abschiedsbesuch zu gestatten. Er erschien mit Champagner, und überreichte mir als kleine Wiedergutmachungsgeste ein elegantes Halstuch aus Belgien. Mir war nicht danach, mit ihm zu trinken, und schnell setzte ich ihn wieder vor die Türe.

Als er gehört hatte, dass ich Düren verlassen würde, um nach Baiersbronn – letzte Station vor den USA – zu gehen, rief er noch einmal an. Wortreich beteuerte er, was für eine tolle Frau ich sei und untermalte das Gesagte mit der Übersendung eines opulenten Blumenstraußes von Fleurop. Rückblickend habe ich kaum Zweifel, dass er in Belgien verheiratet war und in mir vorrangig charmante Abwechslung gesucht hatte. Gut, dass es mir gelungen war, unsere Beziehung auf der platonischen Ebene zu belassen.

All diese Geschichten meiner platonischen Liebschaften hatte ich für meinen Mann aufgeschrieben. Wie erstaunt war ich, als ich merkte, dass ihn all das gar nicht interessierte. Nicht einmal meine handfesteren und gar nicht mehr so platonischen Geschichten aus Amerika. War er so großherzig oder wollte er sich Details ersparen, um nicht eifersüchtig sein zu müssen?

Amerika

CHILD'S NURSE **IN NEW YORK**

Am 3. Januar 1963 saß ich aufgeregt im Flugzeug nach New York. Silvester hatten wir noch fröhlich mit meiner Familie in Schweinfurt gefeiert. Dann nahte der Tag des großen Abschieds und mein Vater, der Zeit seines Lebens kaum gereist ist, ließ es sich nicht nehmen, seine kleine Tochter beim Aufbruch in die große weite Welt zum Frankfurter Flughafen zu bringen.

Schon in Deutschland hatte ich mich meinen Start in der Neuen Welt organisiert: Ich hatte mich bei einer Agentur eingeschrieben, die zertifizierte Kindermädchen in wohlhabende Familien vermittelte. So musste ich mir über Jobs nie Gedanken machen, wenn eine Stelle aufhörte, kam über die Agentur sofort ein neues Angebot.

Die Mutter der ersten Familie, in die mich die Agentur schickte, war eine jüdische Österreicherin. In der neuen Heimat hatte sie eine glänzende Karriere als Modedesignerin hingelegt und betrieb einen Fashion Showroom in Florida. Ganz offensichtlich hatte der Holocaust oder dessen Folgen sie in die USA vertrieben und sie weigerte sich, auch nur ein deutsches Wort mit mir zu sprechen. Auch ihre Kinder sprachen nur Englisch. Mein sperriger Name jedoch war für ihre Zungen schwer auszusprechen, und so nannten sie mich einfach nach dem einzigen deutschen Wort, das ihnen geläufig war: „Weihnachtsbaum".

Die Familie führte ein mondänes Leben in einem eleganten New Yorker Stadthaus. Ich hatte lediglich das kleinste Kind zu betreuen, eine Aufgabe, die mich wenig forderte.

Herausfordernder gestaltete sich jedoch die Beziehung zur Mutter des Kindes. Sie war freundlich und wir kamen gut miteinander aus. Aber da war eine Irritation, die sich nach und nach erhärtete: Wieder und wieder kreierte sie schlüpfrige Situationen, die ich erst als Missverständnis abtat, die in ihrer Vielzahl aber kaum noch wegzulächeln waren und mir zutiefst unangenehm waren. So rief sie mich, lasziv in der Badewanne liegend, gerne zu sich und sagte:

„Don't you want to be a little bit nice to me ...?"

Ihr Kind schlief bei mir im Zimmer. Oftmals kam die Kleine in mein Bett gekrochen und machte sich an meinen Brüsten zu schaffen. Wenn ich dann sagte: „Ach, lass das doch lieber", sagte sie: „But my mummy likes that!"

Allmählich begann ich zu verstehen, warum dem freundlichen Lift-Boy jedes Mal, wenn er mich zur Wohnung fuhr, ein erstauntes: „Was, du bist ja immer noch da!" herausrutschte. Meine Vorgängerinnen hatten es wohl nicht so lange ausgehalten. Als meine Chefin beruflich in Florida zu tun hatte, fuhr mich ihr Mann mit dem Kind zu den Großeltern nach New Jersey. Bei seiner Abreise hörte ich, wie er seinem Vater augenzwinkernd zuflüsterte:

„Und lass mir ja die Finger von dem Mädchen – die schreibt alles heim zu ihren Eltern!"

In New York wurde jährlich am East River ein deutsches Oktoberfest veranstaltet. Es gab German Beer, German Music und German Bratwurst and Pretzels und meine Tante mit Tochter führten mich stolz dorthin aus. Nach ein paar Bier mit angenehm heimatlichem Geschmack kam ich mit einem jungen ungarischstämmigen Mann ins Gespräch. Es war kaum zu ignorieren, dass er sich charmant um mich bemühte, und ich, nicht abgeneigt, gab ihm meine Telefonnummer. In Wahrheit kam mir diese Romanze vorrangig aus rein praktischen Gründen zupass, hatte ich doch überhaupt keine Lust, meine Freizeit weiterhin in der merkwürdigen Familie zu verbringen. Ich ermutigte ihn, mich täglich nach der Arbeit abzuholen und etwas zusammen zu unternehmen. Als ich bei einer neuen Stelle in einem anderen Stadtteil anfing, habe ich, an einer festeren Verbindung nicht interessiert, schnöde mit ihm Schluss gemacht.

REEDERFAMILIE

Die neue Aufgabe, die die Nursing-Agentur mir anbot, beinhaltete die Betreuung der drei Kinder einer wohlhabenden Reederfamilie. Meine Schützlinge taten mir von Anfang an leid: Der Vater war ohnehin so gut wie abwesend, und die Mutter hatte so viele Verpflichtungen außerhalb der Familie, dass sie für ihre Kinder weder Zeit noch Energie übrighatte. Sie lebten in einem großzügigen Apartment und beschäftigten jede Menge Personal. Bald verstand ich mich bestens mit der farbigen Köchin Margret, mit der ich auch von Deutschland aus noch lange in Verbindung blieb.

Das Leben und die Gepflogenheiten dieser Menschen unterschieden sich maximal von dem, was ich aus meiner Heimat kannte. Geld spielte keine Rolle, dafür fehlte es den Kindern an Zuwendung und Liebe. Noch nie hatte ich gehört, dass ein zehnjähriges Kind – die älteste Tochter der

Familie – jede Woche zum Psychiater ging. Sie hatte mich mit den Worten begrüßt:

„Ich hasse alle Leute, ich hasse jeden, ich muss also auch dich hassen."

Ich war vorrangig für die Betreuung des kleinsten Mädchens eingestellt, aber auch das war in meinen Augen schon verhaltensauffällig. Am normalsten war der Bub George.

Im Sommer zog die Familie mitsamt Kindern, Kindermädchen und Köchin in ihr prunkvolles Anwesen auf der Halbinsel Prouts Neck in Maine. Das Haus lag direkt am Wasser, gleich neben dem pompösen Landsitz der Familie Rockefeller, und ich genoss es, das quirlige und anstrengende New York für eine Weile hinter mir zu lassen. Zuvor war ich vorsichtig gefragt worden, ob es mir etwas ausmachte, das Badezimmer mit Margret, der Köchin zu teilen – eine Frage, die mich verwirrte. Warum sollte das ein Problem sein? Weil sie farbig war? Natürlich machte es mir nichts aus!

Das Landleben tat den Kindern sichtlich gut, sie hatten viel mehr Freiheiten als in der Stadtwohnung und die größeren Kinder durften unter meiner Aufsicht auch draußen und am Strand spielen. Als ich der Kleinen unten am Wasser die Windeln wechseln wollte, kam George und sagte:

„Um Himmels willen, was machst du denn da? Du darfst doch nicht einfach in der Öffentlichkeit die Windeln wechseln, da kommt die Polizei!"

Noch hatte ich keine Ahnung, wie prüde die Amerikaner sind, und dass ein unschuldiger nackter Babypopo bereits Anstoß erregen konnte. Ich tat mich schwer, mich im Laufe der Zeit daran zu gewöhnen. Noch schwerer jedoch fiel es mir, mich in dieser merkwürdigen Familie wohlzufühlen und diese emotional verwahrlosten Kinder zu betreuen. Ich reiste vor der Zeit aus Maine ab, schlug in New York direkt bei der Nursing-Agentur auf und sagte:

„Bitte suchen Sie mir eine andere Stelle, dort gehe ich nicht mehr hin."

SCHAUSPIELERFAMILIE

Nach einigen Urlaubsvertretungen landete ich bei meiner letzten Stelle, wo ich die verbleibenden sieben Monate bleiben wollte. Er Rechtsanwalt, sie Schauspielerin am Broadway. Engagiert wurde ich, um Peter, einen süßen Neugeborenen zu betreuen. Im Haus herrschten reges Treiben und Geselligkeit, Schauspielerkollegen vom Broadway gingen ein und aus – endlich ein Ambiente, in dem ich mich wohlfühlte.

Ich teilte mir ein Zimmer mit meinem kleinen Schützling, obwohl der Vertrag ein eigenes Zimmer für die Nurse vorsah. Aber mir machte das nichts aus, immerhin hatte ich ja ein eigenes Bad und musste nicht das der Eltern benutzen. Trotzdem wies ich darauf hin, dass das eigentlich nicht sein darf. Daraufhin organisierte die Familie einen Umzug in die etwas größere Nachbarwohnung, wo ich ein eigenes Zimmer zugewiesen bekam. Jetzt aber hieß es:

„Darf Peter trotzdem bei dir schlafen, er ist es doch nicht gewöhnt, ganz alleine zu sein …"

Der 22. November 1963 wird mir ewig im Gedächtnis bleiben. An diesem kühlen Herbsttag musste ich mit meinem Schützling zum Arzt. Schon als ich ihn kennenlernte, hatte ich bemerkt, dass er einen starken Silberblick hat, dachte mir jedoch nichts dabei und hatte es nie ausdrücklich erwähnt. Eines Tages kam die Großmutter zu Besuch und ging mit dem Kleinen in den Central Park. Aufgeregt kam sie mit ihm zurück und sagte:

„Schwester, im Park waren Leute, die sagten, dass der kleine Peter schielt!"

Keiner aus der Familie hatte das bis zu diesem Zeitpunkt wahrgenommen. Nun wurde ich also mit ihm zum Arzt geschickt. Ich hielt ein Taxi an, und als ich mit dem Kleinen einstieg, rief mir der Fahrer ganz außer sich entgegen:

„Er ist erschossen worden."

„Wer denn?"

„Unser Präsident!"

Wieder zu Hause schaltete ich den Fernseher ein und verstand jetzt erst richtig, was da gerade passiert war.

Wenn ich frei hatte, traf ich mich oft mit den anderen Kinderschwestern der Agentur im Central Park und wir tauschten uns aus. Da gab es illustre Arbeitgeber: Eine Kollegin war bei Humphrey Bogart angestellt, der sein Apartment direkt am Central Park hatte. Ein anderes Mädchen arbeitete bei Robert F. Kennedy – Bruder des eben ermordeten Präsidenten -, der elf Kinder hatte und 1968 ebenfalls einem Attentat zum Opfer fallen sollte.

Weihnachten in New York war ein besonderes Erlebnis. Die Stadt war festlich illuminiert und dick verschneit, und ich stapfte mit meiner Freundin durch den Tiefschnee zur Christmette in der neugotischen St. Particks Cathedral, der größten katholischen Kathedrale in den Staaten. Als ich weihnachtlich gestimmt zurückkam, fand ich liebevoll verpackte Geschenke vor – auch wenn Peters jüdische Familie selbst das Fest gar nicht feierte. Darin waren wunderschöne schwarze Handschuhe mit weißem Fellfutter aus dem exlusiven Kaufhaus Bloomingdale's und eine schicke weiße Tasche.

HENRY

Während eines Besuchs meiner Veroneser Cousine Ingrid lernten wir einen schüchternen deutschen Austauschstudenten kennen. Er nahm uns mit nach Brooklyn in seine Studenten-WG und machte uns mit seinen Mitbewohnern Henry, John und Tom bekannt. Vor allem Henry gefiel mir. Meine freundliche Schauspieler-Chefin hatte die Angewohnheit, einmal in der Woche alle angebrochenen Packungen in ihrer Küche auszusortieren. Ich erbat mir, sie vor dem Müll retten zu dürfen, und hatte zugleich einen willkommenen Vorwand, mich regelmäßig mit einem Korb voll Knabberzeug und Keksen auf den Weg zu den ewig hungrigen Studenten in Brooklyn zu machen.

Manchmal brachte ich eine Freundin, die ich bei der Nurse-Clique im Central-Park kennengelernt hatte, mit. Es dauerte nicht lange, und sie befreundete sich mit Tom. Ich hingegen war dabei, mir mit Henry näherzukommen. Er rief mich eines Tages an, um mir durchzugeben, dass es abends in der Wohngemeinschaft eine Party geben sollte. Sofort rief ich eine weitere Freundin an, um auch sie einzuladen. Bei dem Gespräch gestand ich ihr, dass ich mich in Henry verknallt habe.

Am kommenden Tag war ich mit meinem Schwarm verabredet, wir wollten eine Radtour durch den Central Park unternehmen. Dabei berichtete er mir schmunzelnd, dass

er jedes Wort des für ihn schmeichelhaften Telefonge-
sprächs gehört hatte. Bis heute weiß ich nicht wie das funk-
tionieren konnte, aber es hatte den Grundstein gelegt, für
einen wunderbaren Tag in wachsender Vertrautheit.

Nach der Fahrradtour lud Henry mich zu einem Drink
ein. Ich bestellte einen Tom Collins – Gin, Zuckersirup, Zit-
ronensaft und Soda. Starken Alkohol war ich nicht gewöhnt, dazu erhitzt, ermattet, durstig und verliebt. Kein
Wunder, dass mir das Getränk ziemlich schnell in den
Kopf stieg. Ich begleitete Henry zurück nach Brooklyn –
und da ist es passiert. Das berühmte erste Mal.

UNTERWEGS MIT COUSINE INGRID

Während Ingrids Besuch in New York hatte sie versucht,
mich zu beschwören:

„Hör endlich auf zu arbeiten und komm mit mir nach
Chicago! Dann reisen wir gemeinsam nach San Francisco
und Los Angeles, bevor ich zurück nach Europa muss."

Durch meine Jobs hatte ich immer genügend Geld verdient und vor allem darauf geachtet, immer eine Reserve
auf dem Sparbuch zu haben, die nicht angerührt werden
durfte – mein Notgroschen für den Fall, dass ich mal
schnell zurück nach Deutschland fliegen müsste. Essen
und Wohnen waren im Lohn inbegriffen und daneben leistete ich mir wenig. Es sprach also gar nichts dagegen, jetzt,
nach anderthalb Arbeitsjahren, mein Erspartes anzurüh-
ren und endlich das Leben zu genießen und das Land besser kennenzulernen.

Ich kündigte bei der Agentur, machte Schluss mit Henry
und nahm einen Greyhound nach Chicago. Meine Cousine

und ich verstanden uns ausgezeichnet, auch wenn sie unübersehbar chaotisch veranlagt war. So stand bei meiner Ankunft der Koffer, den sie bei ihrem Besuch in New York bei sich gehabt hatte, noch unausgeräumt unter dem Bett und ihre Freundin Polly hatte eilig das Apartment geputzt, denn sie selbst hatte keinen Sinn für solche Nebensächlichkeiten. Dafür wusste Ingrid immer, wo es die beste Party gab, und war kontaktfreudig, spontan und unternehmungslustig.

Bald brachen wir auf große Tour einmal quer durch das weite Land auf. Wir bestiegen einen Greyhound-Bus nach Westen, unser Ziel war San Francisco. In Salt Lake City machten wir Station, um im berühmten Salzsee zu baden. Die weiß auskristallisierten Salzränder sahen von der Ferne wie Schnee aus, das Badeerlebnis war allerdings mehr als enttäuschend: Eine gefühlte Ewigkeit mussten wir uns durch den Schlick kämpfen, bis das Wasser tief genug war, dass das vom Reiseführer angekündigte Auf-dem-Wasser-Liegen möglich war.

In San Francisco kamen wir an einem Morgen um acht Uhr an. Über meine Schwester hatte ich dort die Adresse einer Arbeitskollegin. Sie hatte mit ihrem Mann ein neues Haus gebaut und die beiden waren gerade am Betonieren der Terrasse, als wir ankamen. Unsere Gastgeber empfingen uns freundlich und entschuldigten sich, dass sie sich nicht direkt um uns kümmern konnten, da sonst der Beton eintrocknete. Stattdessen schlugen sie uns vor, uns erst einmal auszuruhen. Meine Cousine raunte mir zu:

„Traudl, ich hab' keine Lust hier zu bleiben, wenn die keine Zeit für uns haben."

Ich versuchte auf sie einzuwirken. Mir tat das so leid für unsere netten Gastgeber, schließlich war es nicht deren Versäumnis, dass wir so plötzlich und unangekündigt bei ihnen aufkreuzten. Meine Cousine aber ließ sich nicht beirren und meldete uns bei ihren Freunden in Berkeley an. Bis unsere freundlichen Gastgeber fertig mit ihren Betonarbeiten waren, war bereits klar, dass wir direkt wieder abreisen würden. Mir war das unendlich peinlich.

Bei den Freunden meiner Cousine fühlte ich mich nicht wohl und ärgerte mich über ihre selbstherrliche Aktion. Immerhin hatte ich über die Bekanntschaft mit einem jüdischen Mädchen im Greyhound-Bus Gelegenheit, in einen Deutschkurs an der berühmten Universität in Berkeley hineinzuschauen. Ich, die noch nie einen Hörsaal von innen gesehen hatte, konnte kaum glauben, welch altmodisches Deutsch dort gesprochen wurde. Als ob sich die Sprache seit Goethe nicht mehr entwickelt hätte!

Als ich zufällig mitanhörte, wie die Freunde meiner Cousine sich fragten: „Wie lange bleiben die eigentlich noch?", stellte ich Ingrid zur Rede und sagte:

„Du kannst bleiben, solange du willst – ich hau' jetzt ab."

Ich packte meine Sachen und bestieg einen Greyhound-Bus nach Los Angeles. Dort angekommen, suchte ich mir ein Zimmer in einem Hostel. Sechs Frauen in einem Zimmer – das fand ich gewöhnungsbedürftig. Am nächsten Morgen machte ich mich auf nach Disneyland und trieb mich dort den ganzen Tag herum. Als ich spätabends wieder zurückkam, stand mein gesamtes Gepäck im Büro – ich hatte wohl nicht deutlich genug gesagt, dass ich länger bleiben wollte. Es war schon fast Mitternacht und kein Bett war mehr frei. Wo sollte ich jetzt hin? Ich hätte auch ein

Hotel genommen, aber auch das konnte man mitten in der Nacht nicht ohne Weiteres bekommen. Verzweifelt rief ich bei meiner alten Schulfreundin Marianne in Barstow an, die ich ohnehin noch besuchen wollte. Sie war hochschwanger und wohnte mit ihrem amerikanischen Mann, den sie als GI damals in Schweinfurt kennengelernt hatte, in einem Armeedorf. Als sie mich Entschuldigungen stammelnd so mitten in der Nacht am Telefon hatte, freute sie sich unsäglich und meinte gutgelaunt:

„Es gibt noch einen Nachtbus, der um ein Uhr früh in Barstow sein müsste. Wir holen dich ab."

REISE NACH MEXIKO

Bei einem Studentenfest in San Francisco begegnete ich Gene. Er war Amerikaner, etwas älter, und wollte nach ein paar gemeinsamen Drinks mit mir nach Mexiko reisen. Ich entgegnete:

„Nettes Angebot, aber ich bin mit meiner Cousine hier. Die hat erstens kein Geld und zweitens läuft ihr Visum bald ab."

Als ich meiner Cousine berichtete, dass ich jemanden kennengelernt hätte, der mit mir nach Mexiko fahren wollte, meinte sie:

„Super Idee, los, wir fahren nach Mexiko."

„Meinst du wirklich, dass das für dich funktioniert?"

„Ja klar, das ist doch eine tolle Gelegenheit, das nehmen wir mit!"

Einen Tag später kam sie mit Gene nach Barstow. Zu dritt brachen wir in Genes Auto auf und machten uns auf den Weg nach Las Vegas. Dort angekommen suchte er für uns Mädchen ein billiges Hotelzimmer und verkündete:

„Ich selbst schlafe im Auto."

Fürs Casino fehlte uns das Outfit und das Geld, aber Las Vegas war damals schon berühmt für seine Bars und Shows und so ließen wir uns eine hitzige Nacht lang durch die Stadt treiben, bevor wir unseren Roadtrip in Richtung Süden fortsetzten.

Die Prozeduren an der Grenze zu Mexiko waren eine Strapaze. Die Sonne schien erbarmungslos und wir wurden immer durstiger. Wir teilten uns einen Rest Wasser aus den USA und unser Begleiter warnte uns:

„Vorsicht mit dem Leitungswasser hier, ihr könntet davon krank werden."

Ingrid, locker und mutig, wie sie war, schlug seine Warnung in den Wind. Auch ich putzte mir bedenkenlos die Zähne mit Wasser aus dem Hahn.

Gene sorgte während der ganzen Reise für uns wie ein Vater und schien keinerlei sexuelle Interessen zu verfolgen. Augenscheinlich war er nicht das erste Mal in Mexiko und war stolz, uns das schöne Land zu zeigen. Bald wurde uns zudem klar, dass wir jungen Mädchen ohne ihn auf solch einer Reise ständig in die Bredouille gekommen wären. So hatte er uns einmal, als er kurz etwas zu erledigen hatte, in der Cafeteria des Hotels zurückgelassen. Sofort gesellte sich ein Mann zu uns, der uns mit unübersehbar eindeutigen Absichten in ein Gespräch verwickelte. Gene kam dazu, überriss die Situation und sagte zu ihm:

„Sie kennen meine Mädchen nicht, die würden nie ausgehen, sondern sind jeden Abend um neun Uhr im Bett."

Als unsere Zeit schließlich zu Ende ging, bekam er, der mit dem Essen und Trinken so vorsichtig gewesen war, richtig hohes Fieber. Beherzt übernahm meine Cousine das

Steuer und fuhr den Kranken zurück bis zur US-Grenze, wo sie aber nicht mehr einreisen durfte, da ihr Visum abgelaufen war.

„Nun musst du selbst schauen, wie du weiterkommst!"

Ich selbst hatte mich von den beiden schon in Mexico City verabschiedet, wo ich einen Flug zurück in die USA gebucht hatte.

ALLEINE ZURÜCK NACH NEW YORK

Beim Einchecken stellte sich heraus, dass ich keinen Impfpass dabeihatte – ein echtes Problem, denn eine Pockenimpfung war für die Einreise in die USA zwingend vorgeschrieben. Obwohl man meine Narbe am Oberarm zweifelsfrei erkennen konnte, musste ich mich in San Antonio erst erneut impfen lassen, bevor ich den Flieger besteigen durfte. In Dallas verpasste ich darum den Anschlussflug nach New York und musste irgendwo übernachten. Um mich von den Aufregungen zu erholen, suchte ich mir ein nettes Hotel. Ohne noch an meine Impfung zu denken, sprang ich als erstes in den Pool, um mich zu erfrischen. Sofort lernte ich zwei junge Männer kennen, die meinten:

„Wenn du schonmal hier bist, musst du doch unbedingt Dallas kennenlernen. Komm heute Abend mit, wir führen dich aus."

Ich war mir nicht sicher, ob das eine gute Idee war, mit zwei mir vollkommen unbekannten Männern in einer mir unbekannten Stadt auszugehen. Ich ging zur Rezeption und fragte die freundliche Dame:

„Die beiden jungen Männer am Pool wollen heute Abend mit mir ausgehen. Meinen Sie, das geht in Ordnung?"

Die Antwort lautete: „Hmm, die Männer am Pool kenne ich, für die kann ich mich verbürgen – wen ich nicht kenne, sind Sie!"

Bald jedoch merkte ich, dass ich den Abend gar nicht genießen konnte, es ging mir nicht gut und ich bekam Fieber. Waren das Nebenwirkungen der Impfung oder war es leichtsinnig gewesen, direkt danach in den Pool zu springen? Meine Begleiter entpuppten sich als Kavaliere. Wenn es jemals Hintergedanken gegeben hatte, wurden die über Bord geschmissen und sie sorgten dafür, dass ich schnellstmöglich ins Hotel zurückkam und mich erholen konnte.

ÜBER DEN GROSSEN TEICH

Ich war vierundzwanzig Jahre alt, als ich nach dem Mexiko-Abenteuer eine Schiffspassage zurück nach Europa buchte. Genua war der Zielhafen und an Bord waren hauptsächlich Italiener. Daneben gab es ein deutsches Ehepaar, das bald Berühmtheit dafür erlangte, sich jeden Abend als erstes aufs Büffet zu stürzen. Nichts wäre mir peinlicher gewesen, als mit diesen Menschen in Verbindung gebracht zu werden! Ich ignorierte sie geflissentlich und hielt mich lieber an die nette Runde aus Amerikanern und Italienern, an deren Tisch ich platziert worden war. Vor allem der charmante und außergewöhnlich gutaussehende Afroamerikaner Richard gefiel mir. Er reiste mit Vater und Schwester und nach und nach verbrachten wir auch außerhalb der Mahlzeiten viel Zeit miteinander. Eines Abends schlug er vor:

„Komm, wir gehen tanzen!"

„Ich kann nur alleine tanzen."

„Nix da, ich bring dir's bei."

Dass wir uns dabei auch körperlich nahekamen, war unausweichlich. Und es gefiel uns beiden. Seine Familie nahm mich ganz unkompliziert in die Runde auf, und bei Landausflügen waren wir immer gemeinsam unterwegs. Wir besichtigten Lissabon, wo ich mich an Straßenbahnfahrten in engen Gassen und an die spektakulären Aussichten über die Stadt und den Fluss Tejo erinnere. Dann gab es einen Landgang in Tanger. Während dieses Ausflugs nahm mich Richards Schwester beiseite und fragte:

„Weißt du eigentlich, wie alt mein Bruder ist?"

Ich meinte: „Naja, er wird so Anfang Zwanzig sein."

„Nein", erwiderte sie, „er ist fünfzehn!"

Ich werde nie sicher sagen können, ob das wirklich stimmte, oder ob sich die Schwester einen Scherz erlaubt hat. Denn der süße Richard erschien mir durchaus sehr männlich.

Zweitletzte Station war Neapel, wo wir einen letzten Ausflug nach Pompei unternahmen. In Genua war die Reise zu Ende, und Richard und ich mussten uns verabschieden. Tiefmelancholisch gestimmt machte ich mich auf den Weg nach Verona, wo Ingrids Eltern, der Herdfabrikant und seine Frau, lebten. Meine Tante war Lehrerin in Deutschland. Mit ihr wollte ich nach den Sommerferien zurückfahren.

Start ins echte Leben

PLÖTZLICH TANTE UND EIN INTERESSANTER MANN

Ein Grund für meine Rückreise aus Amerika war die Schwangerschaft meiner Schwester. Schon bei ihrer Hochzeit hatte ich nicht dabei sein können, hatte ihr aber versprochen: „Wenn du schwanger bist, gib Bescheid, dann komme ich."

Als ich nun, vollbepackt mit Obst und Gemüse aus unserem heimatlichen Garten, in Düsseldorf ankam, stand meine Schwester mit dickem Bauch an der Haltestelle. Mein erster Gedanke war: „Sieht aus, wie Zwillinge!", bevor ich mich an ihren Leibesumfang gewöhnte. Bei der Geburt dann tatsächlich die Überraschung: Erst kam ein Kind, und direkt danach ein weiteres.

Nun war es doppelt hilfreich, dass ich Hannelore in der schwierigen ersten Zeit nach der Geburt zur Seite stehen konnte bei der Aufgabe, das anstrengende Leben mit gleich zwei entzückenden Babys einzurichten.

Eines Abends hatten sie Gäste eingeladen und wir saßen alle am langen Tisch. Am anderen Ende der Tafel hörte ich einen der Besucher zu meiner Schwester sagen:

„… Ihre Tante in New York konnte ich leider telefonisch nicht erreichen, ich habe es mehrfach probiert, vielleicht hatte ich ja die falsche Nummer."

Ganz ohne zu überlegen, rief ich von meiner Ecke des Tisches: „Three eight four seven four four six!"

„Woher kennen *Sie* denn die Telefonnummer?", fragte der Besucher mich erstaunt.

„Ach, die rufe ich öfter mal an."

„Ist das denn nicht fürchterlich teuer?"

„Nein, die wohnt ja bei mir um die Ecke."

Mehr wurde an diesem Abend nicht zwischen uns gesprochen.

Wenige Tage später, am Buß- und Bettag, klingelte es an der Wohnungstüre. Meine Schwester, die gerade stillte, rief mir zu:

„Kannst du bitte an die Türe gehen, das ist eh für dich!"

„Wieso sollte das für mich sein, ich kenne doch außer euch niemanden in Düsseldorf?"

„Doch, das ist der Horst, der mit dir über Amerika sprechen will."

Tatsächlich stand der Gast, der neulich nach der Telefonnummer gefragt hatte, vor der Türe und bat mich, ihm bei einem Spaziergang mehr über New York zu erzählen. Überrascht machte ich mich fertig und während wir etliche Stunden lang kreuz und quer durch Düsseldorf schlenderten, fragte er mich nach allen Details des Lebens in den Staaten aus. Ziemlich bald wurde mir klar: Dieses Interesse galt nicht ausschließlich dem Land über dem großen Teich. Mein Gesprächspartner war mindestens ebenso interessiert an mir. Ich wiederum hatte überhaupt keine Intentionen, mich jetzt in irgendjemanden zu verlieben, schließlich hatte ich ja ein Rückfahrticket nach Amerika in der Tasche. Horst aber ließ sich nicht abschrecken. Immer häufiger kam er vorbei, um mich zu Spaziergängen abzuholen.

Als meine Schwester ihre Kinder abgestillt hatte, bat sie mich, ein paar Tage auf die Kleinen aufzupassen, sie wollte mit ihrem Mann einen Besuch bei Verwandten machen.

Gerne willigte ich ein. Ein Wochenende lang alleine mit den Zwillingen stellte ich mir schön vor. Als ob es das Normalste der Welt sei, kam Horst täglich vorbei und leistete mir Gesellschaft. Es schien ihm wenig auszumachen, dass ich keine Zeit für ihn hatte, denn die Kleinen hielten mich rund um die Uhr auf Trab. Er jedoch war einfach da und schaute zu. Es genügte ihm, in meiner Nähe zu sein.

Als die Eltern der Kinder wieder zurück waren, führte Horst mich abends in eine schöne Düsseldorfer Altbierkneipe aus. Wenn es noch einen letzten Zweifel gegeben haben sollte, ob es hier um Freundschaft und Kameradschaft oder um deutlich mehr ging, so wurde er an diesem Abend ausgeräumt. Amerikaticket hin oder her, ich war verliebt wie noch nie, und nur das zählte.

Horst und ich waren schon einige Monate ein Paar, als wir beschlossen nach Baiersbronn zu fahren, zu der Apothekerfamilie, wo ich vor meiner Abreise in die USA gearbeitet hatte und mit denen ich heute noch in Verbindung bin. Ich rief bei meiner ehemaligen Chefin an und hocherfreut bot sie an, uns Zimmer im Hotel zu reservieren.

„Wollen Sie ein Doppel- oder zwei Einzelzimmer?"

Wie sollte ich reagieren? Horst stand direkt daneben, wie peinlich! Natürlich waren wir ein Paar, ich hatte Horst sogar schon an Weihnachten meinen Eltern vorgestellt. Aber ein gemeinsames Zimmer, selbst wenn man verlobt war, war eine heikle Sache. Und einfach so miteinander schlafen, daran war auch für künftige Eheleute nicht zu denken. Also nuschelte ich züchtig:

„Bitte zwei Zimmer."

Trotzdem ist es da dann zwischen uns passiert. Die Hotelrechnung unserer ersten romantischen Nacht hat mein Mann bis zu seinem Tod aufgehoben.

Nun wollten wir uns aber auch gleich verloben. In Stuttgart gab es den Juwelier mit dem unsterblichen Werbespruch *„Soll die Ehe glücklich sein, kauf bei Kurz die Ringe ein"*. Hier suchten wir ein Paar schlichte goldene Ringe aus. Unsere nächste Station war Düsseldorf, wo wir meine zukünftigen Schwiegereltern besuchten, die ich bisher noch nicht kennengelernt hatte. Horst wollte für seine Mutter einkaufen gehen, und als er die Hand ausstreckte und sagte: „Geld her, Mama!", fielen ihre Augen auf den neuen Ring an seinem Finger!

„Nein, ihr seid verlobt – das ist ja wunderschön!"

Horst war ihr einziges Kind. Sie hätte sich immer noch eine Tochter gewünscht – und nun bekam sie wenigstens eine Schwiegertochter und ich sollte mich zeitlebens richtig gut mit ihr verstehen.

KINDESCHWESTER IN LEONBERG

Meine Pläne, zurück in die USA zu reisen, lagen einstweilen auf Eis. Später, wenn Horst fertig studiert haben würde, wollten wir gerne gemeinsam nach Amerika gehen. Bis es so weit sein sollte, suchte ich mir nach der Verlobung eine Stelle als Kindermädchen in Leonberg. Die Familie, bei der ich mich vorstellte, war ganz begeistert von mir und wollte mich sofort einstellen. Ich hatte erzählt, dass mein Freund mich hergefahren hatte, hatte aber zuvor meinen Ring abgezogen und nicht verraten, dass ich bereits verlobt war. Sie aber wollten unbedingt meinen „zukünftigen Verlobten" kennenlernen. Ich eilte an die nächste Straßenecke, wo Horst auf mich wartete, und sagte:

„Zieh schnell deinen Ring aus, die wollen dich gerne kennenlernen, aber sag bloß nicht, dass wir schon verlobt sind."

Ich bekam die Stelle. Bei diesem Aufenthalt hatten wir in Stuttgart einen selbstverschuldeten Autounfall, bei dem Horst nicht schwer, aber genügend verletzt wurde, um für ein paar Tage ins Krankenhaus zu müssen. In dieser Zeit arbeitete er bei einer Firma, die ihn eigentlich nach Amerika schicken wollte. Weil er den Unfall selbst verschuldet hatte, verlangte sein Chef von ihm, dass er die durch den Krankenhausaufenthalt versäumten Tage durch Arbeit am Samstag und Sonntag

abgelten sollte. Das entsprechende Telefonat fand statt, als er gerade bei mir in Leonberg zu Besuch war. Mein Chef, selbst Inhaber eines Betriebs, hatte das Gespräch zufällig mitangehört und sprach meinen Mann an.

„Das, was Ihr Chef da von Ihnen verlangt, ist ungesetzlich. Es gibt keine Handhabe, dass man von einem Mitarbeiter verlangen kann, durch Krankheit ausgefallene Tage nachzuarbeiten. Kündigen Sie einfach. Stattdessen können Sie jederzeit bei mir anfangen."

Horst, der Ingenieurswissenschaften studiert hatte, hatte die Vision, sich später einmal selbstständig zu machen. Mein Vater, der große Stücke auf ihn hielt, hatte ihm sogar versprochen, ihn bei diesem Vorhaben zu unterstützen. Horst rechnete sich aus, dass es für seine künftigen Pläne durchaus nützlich sein könnte, das Angebot des Herrn Korff anzunehmen, außerdem wäre er so immer in meiner

Der kleine Anton

Nähe. Er schlug ein und wurde bald ein hochgeschätzter Mitarbeiter in der Firma meines Chefs.

Mein Schützling, der kleine Anton, war rund zwei Jahre alt, als ich seine Betreuung übernahm. Mit mir lernte er sprechen, auch wenn es damit oft noch zu süßen Missverständnissen kam. So zum Beispiel setzte ich ihn regelmäßig aufs Töpfchen im Badezimmer, während ich die Gelegenheit nutzte, um selbst schnell zu duschen. Als er mich dann unbekleidet aus der Dusche treten sah, krakeelte der Knirps auf mich zeigend entzückt:

„Männer haben kein Spitzle!"

In seinen Augen also waren alle Erwachsenen Männer.

Die Familie Korff schätzte mich ungemein und machte sich Sorgen, dass ich bald heiraten könnte. Das würde – daran gab es überhaupt keinen Zweifel, das war damals einfach üblich – bedeuten, dass ich kündigte und sie sich ein anderes Kindermädchen suchen müssten. Der Chef ließ in der Folge nichts unversucht, uns zu überzeugen, dass wir nicht zusammenpassten und eine Heirat kaum gutgehen konnte.

Herr Korff war ein tüchtiger und erfolgreicher Unternehmer, der sich gerne im Licht der Öffentlichkeit sonnte. Stolz öffnete er sein Privathaus für Redakteure der Regenbogenblätter Quick, Revue, Bunte etc. und ließ sie „Home Stories" über sein Leben und seine Familie veröffentlichten. Als seine Firma später aufgrund der Rezession in wirtschaftliche Bedrängnis kam, zeigten sich bei ihm unübersehbare psychische Schwierigkeiten. Immer öfter brach er hilflos weinend zusammen und musste später in die Nervenheilanstalt eingewiesen werden. Heute würde man wahrscheinlich das Burnout eines Managers diagnostizieren.

Während ich noch in Leonberg unabkömmlich war, war Horst bereits nach Unterfranken gegangen, da er eine Ingenieursstelle in Würzburg angetreten hatte. Er hatte sich vorläufig bei meinen Eltern in Schweinfurt einquartiert, die ihn wie einen eigenen Sohn in unsere Familie aufnahmen. In dieser Zeit schrieben wir uns täglich lange und liebevolle Nachrichten. Dieser dicke Stapel Briefe war jahrzehntelang in meinem Besitz, bis ich entschied, ihn an ein Liebesbriefforschungsprojekt in Wien zu stiften.

Die Familie Kraft sollte später ein unendlich tragisches Schicksal ereilen: Bei einem tödlichen Autounfall, den sie wohl selbst verschuldet hatte, brach sich die Mutter im Beisein ihrer Kinder das Genick – ein schweres, kaum zu verwindendes Trauma für die ganze Familie.

HOCHZEIT IN SCHWEINFURT

Im Juli 1966 konnte ich schließlich auch zurück nach Schweinfurt ziehen. Nun wollten wir keinen Moment länger mit der Hochzeit warten und bestellten das Aufgebot. Im August war die standesamtliche Zeremonie und wenige Tage darauf feierten wir die kirchliche Hochzeit. Für diesen schönsten Tag im Leben hatte ich mir in einem Würzburger Brautmodengeschäft ein wunderschönes Kleid mit einem passenden Mantel ausgesucht. Natürlich war meine Schwester mit ihrer Familie aus Düsseldorf angereist. Sie bot sich an, die Fotos zu machen. Ich war skeptisch. Hatte ich doch noch nicht vergessen, dass die Fotos, die sie von den Zwillingen bei deren Taufe gemacht hatte, allesamt statt wonniger, in süße weiße Taufkleidchen gehüllter Säuglinge nur tiefes geheimnisvolles Schwarz zeigten. Sie ließ sich aber nicht beirren:

„So gerne würde ich für euch fotografieren, und dieses Mal geht es ganz sicher gut."

Statt glücklicher Hochzeitsbilder – und glücklich waren wir allemal – prangt hier eine bedauerliche Leerstelle in meinen Alben. Ein einziges längst verknittertes Schwarz-weiß-Bild hat das fotografische Desaster überlebt: Unscharf und schlecht belichtet erkennt man wage, wie ein dunkelgeklei-deter Bräutigam seine in elegantes Weiß gekleidete Braut über die Schwelle trägt.

Mein Vater wollte uns trösten und sagte:

„Das holen wir einfach nach."

Daraus sollte aber – ich ahnte es gleich – nie etwas werden. Das elegante Brautkleid nahm ich später mit nach

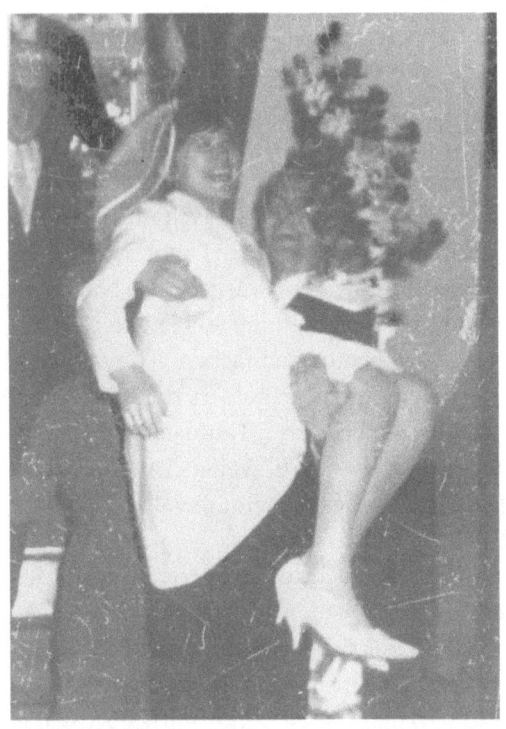

Hochzeitsfoto

Australien. Dort war gerade die Minimode auf dem Vor-
marsch, also ließ ich es mir von einer Freundin bis weit
übers Knie kürzen. So war ich bei der Kreuzfahrt, die wir
1970 von dort aus unternehmen sollten, bestens fürs Cap-
tain's Dinner gerüstet.

OPERN

Später wurde das Kleid noch öfter in die Oper ausgeführt. Schon in Berlin hatte ich meine Liebe zum Musiktheater entdeckt und viele meiner freien Abende bei Mozart, Verdi & Co. in der Deutschen Oper verbracht. Als ich allerdings mehr aus Versehen und komplett unvorbereitet in eine fast fünfstündige Aufführung der Götterdämmerung geraten war, stand für mich fest: Wagner ist definitiv nichts für mich. Diesen Standpunkt vertrat ich später in Schloss Weitenburg gegenüber dem Schwiegervater der Baronin, für die ich arbeitete, und der ein namhafter Wagner-Kritiker war.

„Sie armes Kind!", rief er aus, „Sie haben versucht, das Pferd von hinten aufzuzäumen. Mit dem fliegenden Holländer müssen Sie anfangen!"

Als Horst und ich uns langsam näherkamen, stellte sich bald heraus, dass er wie ich eine tiefe Liebe zur Musik hegte und wir mit unser beider Freude an Opernbesuchen eine weitere Gemeinsamkeit entdecken konnten. Leider aber musste ich feststellen, dass er glühender Wagner-Fan war! Während langer romantischer Schneespaziergänge erzählte er mir dann so begeistert von seinen Lieblingsopern, dass es nicht lange dauerte, und ich bereit war, all meine Vorurteile über Bord zu schmeißen.

Nach unserer Rückkehr aus Australien gelang es ihm durch einen großen Zufall und viel Glück, Karten für Bayreuth zu ergattern. So beeindruckt und begeistert war er, dass er fortan jedes Jahr, und zwar bis zu seinem Tod, aufs Neue versucht hatte, das Vergnügen zu wiederholen. Leider ohne Erfolg. Mein Hinweis, dass uns Frau Baronin sicher liebend gerne über ihren Vater Karten besorgen würde, verhallte ungehört. Vitamin B – nein, das gehörte sich nicht!

HOCHZEITSREISE

Zum Jahrestag unserer Vermählung, holten wir unsere Hochzeitsreise nach. Mit dem Auto machten wir uns im Sommer 1967 auf den Weg nach Jugoslawien. Die Rückreise führte über Italien und die Schweiz. Wieder an der deutschen Grenze angekommen verkündete Horst:

„Und jetzt fahren wir nach Köln!"

Ich hatte keine Ahnung, was er vorhatte. In Köln angekommen, lenkte er den Wagen zu einem Juweliergeschäft, das ich wiedererkannte, da es in der Nähe seiner Studentenbude lag, wo ich ihn so oft besucht hatte. Dort hatte ich damals einen hinreißenden Ring im Schaufenster gesehen. Wunderschön, mit einer Perle in der Mitte und kleinen Brillanten drumherum. Ich erinnerte mich plötzlich, wie ich zu ihm gesagt hatte:

„Wenn ich mich einmal verlobe, wünsche ich mir diesen Ring!"

„Du glaubst wohl, du bist noch in Amerika?", hatte er mich geneckt. „Solch einen Ring kann sich ein armer deutscher Student nicht leisten."

Tatsächlich standen wir dann ein Jahr später als verheiratetes Paar in dem Juwelierladen und fragten schüchtern nach dem Ring, der vor einem Jahr vorne rechts im Schaufenster ausgestellt war. Der war längst verkauft, aber man zeigte mir einen anderen, mindestens ebenso schönen.

Horst freute sich: „Nun sind wir ein Jahr verheiratet, allerhöchste Zeit, dass du endlich einen standesgemäßen Verlobungsring bekommst!"

Noch heute trage ich das Schmuckstück neben meinen Ehering, den ich mit dem meines Mannes habe zusammenfügen lassen. Beide Ringe verbindet ein leuchtender Opal aus Australien, den mir mein Mann dort zum Geburtstag gekauft hat. Das letzte Geschenk von Horst, ein kleines Blusenkettchen mit Brillanten, habe ich leider in Tasmanien verloren.

Der früh in meiner Kindheit erlernte selbstständige Umgang mit Geld kam mir während meiner Ehe zugute. Nie hatten Horst und ich Differenzen über die Finanzen. Dabei kam mir sicherlich auch entgegen, dass ich stets auch ein eigenes Einkommen hatte, so dass ich mich nie als Bittstellerin fühlen musste. Trotzdem führten wir zu Anfang gewissenhaft Buch. Noch heute gibt es die Aufschriebe meines Mannes, in dem jede Ausgabe auf unserer großen Asienreise vermerkt war und wo man nachlesen kann, dass wir für den seidenen Teppich, der immer noch an meiner Wand hängt und der später auf einige Tausend Euro geschätzt wurde, damals wenig bezahlten. Als er später einmal einen Versuch mit Aktien wagte, der mit Verlusten endete, bat er mich:

„Mach du das einfach mit dem Geld. Dann weiß ich, dass es in besten Händen ist. An dir ist eine Bankerin verlorengegangen."

KINDERWUNSCH

Wir waren mit jeweils sechsundzwanzig Jahren für die damalige Zeit kein ganz junges Hochzeitspaar gewesen. Und wir waren uns einig: Wir wollten Kinder! Nachdem ich nach einer Weile immer noch nicht schwanger wurde, rieten uns amerikanische Freunde zu einem hormonellen Trick:

„Wenn du drei Monate die Anti-Baby-Pille nimmst und sie dann absetzt, wirst du sicherlich schwanger."

Die Pille war nach ihrer Markteinführung derart revolutionär und wurde gesellschaftlich und politisch so wenig akzeptiert, dass sie bis Ende der 1960er-Jahre in Deutschland nur von sehr wenigen Ärzten und auch von diesen nur mit großer Zurückhaltung und ausschließlich als Mittel zur Behebung von Menstruationsstörungen und zudem nur an verheiratete Frauen verschrieben wurde, die schon drei oder vier Kinder hatten und über dreißig Jahre alt waren. Aber unsere amerikanischen Freunde wussten eine Quelle.

Kein Effekt. Irgendwann ging ich zum Arzt. Der bestätigte mir:

„Bei Ihnen ist alles in Ordnung – aber schicken Sie mal Ihren Mann zum Arzt."

Der Urologe meines Mannes ließ ihn in ein Mikroskop schauen. Es wuselte vor kleinen schwarzen Punkten, die sich wie Kaulquappen in einer Pfütze bewegten. Nun bat er ihn, eine weitere, nämlich seine eigene Probe anzusehen: Fast nichts los. Wir wussten nun, dass es an ein Wunder grenzen müsste, sollte sich auf natürlichem Wege bei uns Nachwuchs einstellen. Man riet uns, eine Koryphäe in Frankfurt aufzusuchen. Als wir jedoch zusammen darüber nachdachten, meinte mein Mann:

„Willst du das wirklich? Ich mache mir Sorgen, dass irgendetwas schief gehen könnte, wenn man diese Dinge übers Knie bricht."

Ich stimmte ihm zu. Vor allem aber war ich froh und erleichtert, dass wir nun Bescheid wussten. Es gibt so viele Wege zum Glück. Wir waren froh, dass wir einander hatten. Und für den Rest würden wir unser Leben einfach anders einrichten.

Abenteuerlust

LEBENSSTELLUNG

Nach der Hochzeit lebten wir in der Parterre-Wohnung meines Elternhauses in Schweinfurt. Ich arbeitete in einem Babyausstattungsgeschäft in Würzburg, wo für mich geplant war, Kurse für werdende Mütter veranstalten, ein attraktiver Plan, der wegen der Rezessionszeit jedoch aufgegeben werden musste.

Horst hatte ein Angebot für eine interessante Position im Düsseldorfer Raum. Gemeinsam fuhren wir für ein paar Tage ins Rheinland. Die Gespräche liefen ausgezeichnet, er hatte genau die gesuchten Qualifikationen und die Chemie mit den Vorgesetzten stimmte. Besser hätte es nicht laufen können und der Vertrag lag zur Unterzeichnung bereit. Er aber bat sich Bedenkzeit aus. Auf dem Heimweg im Auto versuchten wir uns vorzustellen, wie unser Leben aussehen könnte, wenn er zusagte. Ein Umzug, klar, aber darauf waren wir ohnehin eingestellt. Für meinen Mann wäre es die Rückkehr in seine Heimat, aber auch für mich war Düsseldorf vertrautes Terrain, schließlich hatten wir uns hier ja kennengelernt. Ich würde sicher überall einen interessanten Job finden. Vieles sprach dafür.

Wir hatten eben Köln hinter uns gelassen, da wurde Horst für eine Weile ungewohnt ruhig. Schließlich hörte ich ihn murmeln:

„… eine Lebensstellung …"

„Was meinst du?"

„Wenn ich jetzt zusage, habe ich eine wirklich anspruchsvolle Stelle mit vielen Entwicklungsmöglichkeiten.

So etwas wie eine Lebensstellung. Aber sag mal … meinst du wirklich, wir sind schon so weit, dass wir uns so festlegen wollen?"

Ich versuchte mich in seine Gedanken hineinzuversetzen. Eine Lebensstellung. War es nicht das, was jeder suchte?

Als die ersten Häuser von Frankfurt am Horizont auftauchten, meinte er:

„Den Traum mit Amerika haben wir ja bereits aufgegeben. Aber uns gleich so festlegen? Nein, das haben wir doch gar nicht nötig. Wir können noch so viel erleben. Liebling, was hältst du von Australien?"

Ehe ich verstand, was hier gerade passierte, bremste er an der nächsten Autobahnausfahrt ab, und wir fuhren in Frankfurt beim australischen Konsulat vor. Wir ließen uns beraten und erfuhren, dass ausländische Arbeitskräfte mit unseren Qualifikationen dort sehr gesucht seien. Tatsächlich gab es sogar richtiggehende Recruiting-Programme, die es potenziellen Interessenten leicht machen sollten, den Schritt nach Down Under zu wagen. Beladen mit Bergen von Unterlagen und die Anmeldung für einen vorbereitenden Kurs in australischem Englisch in der Tasche, verließen wir das Konsulat. Plötzlich hatte unser Leben eine neue und aufregende Richtung bekommen.

Zurück in Schweinfurt wurde Mike unser persönlicher Englischlehrer – und zwar auf Kosten des australischen Konsulats. Mein Englisch war zwar etwas amerikanisch angehaucht, aber ich fühlte mich mit meiner Seelensprache ohnehin wie ein Fisch im Wasser. Und auch mein Mann lernte schnell. Bald verband uns eine herzliche Freundschaft mit unserem Mentor. Gemeinsam unternahmen wir

Ausflüge ins Umland, zeigten ihm Bad Kissingen und die Rhön. Bei unserer Abreise gab er uns noch die Adresse seiner Familie in Sydney mit, wir sollten uns dort unbedingt melden.

AM ANDEREN ENDE DER WELT

Unser Australienabenteuer begann turbulent. Kurz vor dem Osterwochenende 1969 in Sidney gelandet, waren wir als Neuankömmlinge in einem Hostel untergebracht. Das heruntergekommene Haus fungierte als eine Art staatliche Sammelstation, in der Angehörige zweiundfünfzig verschiedener Nationen ihre ersten Tage, Wochen und manchmal Monate in Australien verbrachten. Es war laut, trubelig und überall stank es nach Hammelfleisch, das, weil es auch für Muslime taugte, fast täglich auf dem Speiseplan stand. Wir mussten gut auf unsere Sachen aufpassen, denn hier tummelten sich auch zwielichtige Gestalten. Sogar die Handtücher wurden von der Wäscheleine geklaut.

Ich schrieb damals nach Hause:

... Südeuropäer, wie zum Beispiel Griechen Türken oder Italiener, die meist in Familien mit vielen vielen Kindern einwandern und in den Hostels noch mehr dazubekommen, fühlen sich in den Nissenhütten recht wohl. Den meisten ist es im Leben noch nie so gut gegangen wie in der Hostelgemeinschaft. Sie bekommen mehr als genug zu essen, haben ein Dach über dem Kopf und für jedes Kind und sonstiges Familienmitglied ein eigenes Bett und jede Woche frische Bettwäsche und brauchen dafür nichts zu bezahlen, solange niemand in der Familie arbeitet und

Geld verdient. Demzufolge begnügen sich die meisten
Familienväter, solange es irgend geht, mit der Arbeits-
losigkeit. (WB 1969)

Das Hostelleben konnte uns nichts anhaben, hochge-
stimmt ertrugen wir das provisorische Quartier. Der gemeinsame Aufbruch ins Ungewisse, gekoppelt mit einem
Mix aus Jetlag und Reizüberflutung, ließ unsere Nerven
verheißungsvoll vibrieren. Unser Plan war es ohnehin,
nach wenigen Tagen der Akklimatisation von Sydney
nach Melbourne weiterzureisen. Dort gab es, das hatte
man schon in Frankfurt in der Botschaft betont, einen besonders guten Arbeitsmarkt für Ingenieure. Stundenlang
schlenderten wir durch die Stadt, das Meer nie weiter als
wenige Schritte entfernt. Wir überquerten die imposante
Hafenbrücke, von wo aus sich durch die gusseisernen Streben ein guter Blick auf die riesige Baustelle des Sydney
Opera House bot. Direkt an der Harbour Bridge in Sicht-
weite des Central Business District entdeckten wir das
charmante Viertel *The Rocks* mit seinen kleinen Sand- und
Backsteinhäusern. An fast jeder Ecke passierten wir ein gemütliches Café oder einen netten Pub. Zum Sonnenuntergang zog es uns oft zum kilometerlangen schneeweißen
Strand von *Bondi Beach*, wo die Surfer ihre Kunststücke
vollführten. Schon nach wenigen Tagen waren wir hinge-
rissen vom Charme der Stadt.

„Warum müssen wir nur nach Melbourne – wo es doch
hier so schön ist!", seufzte Horst.

Ostermontag war kein Feiertag in Australien. Es war an
der Zeit, unsere Zukunft in die Hand zu nehmen. Mein
Mann machte sich auf in den Hafenstadtteil *Woolloomooloo*
zur Firma *Carrier Airconditioning*, um herauszufinden, ob

sie in ihrer Melbourner Niederlassung zufällig eine offene Stelle für jemanden mit seinen Qualifikationen hatten. Man entgegnete ihm:

„Warum in Melbourne? Wir brauchen Sie hier!"

Keine sieben Tage nach unserer Ankunft in der Fremde hatte Horst einen Job in unserer Traumstadt gefunden! Die Aktentasche in der Hand verließ er nun jeden Morgen unsere Unterkunft. Ich saß so lange allein im Hostel und beneidete ihn heimlich, bis ich eines Morgens verkündete:

„Ich fahre heute mit dir in die Stadt. Ich will mir auch einen Job suchen."

Halb Australien will bald zu Besuch kommen

Das Schweinfurter Ehepaar Büschgen kam nach zwei Jahren aus Sydney zurück — Heimflug mit vielen „Seitensprüngen"

Wenn einer eine Reise tut — und wenn sie bis zum fünften Erdteil führt, wie bei den Büschgens —, dann bringt er auch allerlei Souvenirs mit nach Hause. Der geflochtene Hut aus Kokosnußpalmenblättern erinnert an einen wunderschönen Tag in Rabaul. Aus Neuguinea stammt auch die Maske daneben mit der gebogenen Nase; die grimmige Fratze ist eine Tanzmaske aus Bali. Horst befestigt einen Muschelvorhang aus Tonga und in der Hand hält Waltraud noch ein Känguruh-Fell, schließlich war Australien in den letzten zwei Jahren ihre Wahlheimat.
Foto: Renate Wienst

Downtown in Elizabeth Street, der elegantesten Shoppingmeile der Stadt fragte ich Passanten nach dem besten Kaufhaus. Man nannte mir *David Jones* am Nordwestende des Hyde Park. Mutig fuhr ich mit der Rolltreppe in die neunte Etage und sprach im Personalbüro vor. In meiner Handtasche hatte ich meine Zeugnisse, zuoberst das von Horten in Schweinfurt, wo ich zuletzt Fachberaterin in der Mutter-und-Kind-Abteilung gewesen war.

Man empfing mich freundlich, warf kaum einen Blick auf meine Unterlagen und entschied nach einem kurzen Gespräch:

„Morgen können Sie anfangen."

Das war also ein erfolgreicher Doppelstart für uns. Nun, mit zwei festen Einkommen in der Tasche, wollten wir uns in Ruhe ein Apartment suchen und das stinkende Hostel möglichst bald hinter uns lassen.

Meine Arbeit bei David Jones erfüllte mich. Zwei Jahre lang spazierte ich täglich durch die Innenstadt zur Arbeit. Etwas Besseres konnte ich mir nicht vorstellen. Ich begann in der Abteilung für Kinderunterwäsche. In kürzester Zeit hatte ich nette Freundschaften mit Kolleginnen geschlossen und mir die Anerkennung und das Vertrauen meiner Vorgesetzten erarbeitet. Nach einem knappen Jahr sprach ich bei meinem Abteilungsleiter vor und bat, mich in eine andere Niederlassung zu versetzen.

„Warum willst du uns verlassen? Gefällt es dir nicht bei uns?"

Ich erläuterte, dass ich von Kolleginnen gehört hatte, dass in der anderen Filiale *men's wages*, also Männergehälter bezahlt wurden. Mein Vorgesetzter entgegnete:

„Eine Mitarbeiterin wie dich möchte ich nicht verlieren. Wie wäre es, wenn wir dich hier im Haus in die Abteilung für Kinderwagen versetzen, dort werden auch Männerlöhne bezahlt?"

Nun war mein Einkommen spürbar angewachsen. Dazu gab es, wenn wir erfolgreich verkauften, Prämien auf das Grundgehalt. Die räumte ich regelmäßig ab, kannte ich mich doch tipptopp im Sortiment aus und hatte Freude daran, auf Menschen zuzugehen. Als ich zum Ende unseres zweijährigen Aufenthaltes kündigen musste, ließ man mich nur ungerne gehen. An meinem letzten Arbeitstag erhielt ich die dort übliche einfache Bestätigung, in der stand, dass ich von dann bis dann dort gearbeitet hatte. Ich nahm all meinen Mut zusammen, ging ich zu meiner Chefin und sagte:

„Damit kann ich zu Hause nichts anfangen."

Daraufhin schrieb sie mir ein zweiseitiges Zeugnis, voll des Lobes über meine Fähigkeiten als Verkäuferin, meine Zuverlässigkeit und mein Talent, mit den Kunden umzugehen. Dieses Zeugnis sollte später in Südafrika als Eintrittskarte für meine Stelle im renommierten Stuttafords-Kaufhaus dienen.

SEGELBOOT UND FREUNDESKREIS

Noch wussten wir aber nichts von diesen späteren Entwicklungen und richteten unser neues Leben in Sydney ein. Bald hatten wir in *Potts Point*, nur zwanzig Gehminuten von der Innenstadt, ein schickes kleines Apartment mit atemberaubendem Blick auf Hafenbrücke, Opernhaus und die Stadt gefunden. Zu unseren stillen Vergnügen gehörte es, vom Bett aus die neu eintreffenden Kreuzfahrtschiffe zu beobachten. Eine lange Treppe führte herunter nach *Wooloomooloo*, damals noch eine verrufene Gegend mit einer hohen Dichte an einfachen Pubs. Wenn wir morgens zu Fuß zur Arbeit aufbrachen, mussten wir oft über Betrunkene steigen, die sich auf der langen Treppe ihren Rausch ausschliefen. Heute ist die Wohnlage unbezahlbar und kaum noch wiederzuerkennen.

Zu Hause hatten wir unseren geliebten fast neuen Audi verkauft. Den Erlös hatten wir in der Tasche, um in Australien ein entsprechendes Auto zu kaufen. Nun arbeiteten wir jedoch beide mitten in der Stadt – wozu brauchten wir einen eigenen Wagen? Stattdessen machten wir etwas sehr Australisches: Wir leisteten uns ein Segelboot.

Ich war eine Landratte und hatte keine Ahnung vom Segeln. Aber Horst hatte bei einer USA-Reise auf dem Green Lake in Wisconsin sogar den ersten Preis bei einer Regatta abgeräumt. Ich konnte also, so wurde er nicht müde, mir zu versichern, Vertrauen in seine Seglerfähigkeiten haben. Ab jetzt fand man uns jedes Wochenende auf unserem Boot. Von unserer Wohnung waren es nur wenige Minuten zu Fuß zum Liegeplatz am Hafen. Bei Flaute sonnten wir uns, bei Wind ging's raus aufs Meer. Meistens gab es selbstgefangenen Fisch. Wir kabbelten uns immer, wer die Fische ausnehmen sollte.

„Warum glaubst du eigentlich, dass ich immer die Fische putzen soll? Nur, weil ich eine Frau bin?"

„Na, ich habe ja bereits die männliche Arbeit des Angelns übernommen."

Wenn es einmal schlechtes Wetter war, kauften wir Krabben vom Kutter und machten es uns in der Kajüte gemütlich.

Bootsleben

Meistens segelten wir im Gebiet des riesigen Hafens von Sydney. Als wir hier jedes Eckchen erkundet hatten, konnte mich mein Mann überreden, endlich einmal einen Törn auf den offenen Pazifik zu wagen. Mein Respekt vor dem offenen Meer war groß. Obwohl es ein strahlender Tag ohne besonderen Seegang war, wurde ich erst außergewöhnlich ruhig, dann fahl im Gesicht, während ich verzweifelt versuchte, auf den Horizont zu starren. Schließlich brach kalter Schweiß aus, mein Magen geriet außer Kontrolle und sein Inhalt landete über Bord. Ich Landei war für diese Art der Fortbewegung nicht gemacht.

Immer öfter trafen wir uns mit neu gewonnenen Freunden. Johanna, eine Schweizer Kollegin aus dem Kaufhaus, lernte ich bei den gemeinsamen Kaffeepausen kennen. Bis heute bin ich ihr eng verbunden. Sie hatte auf dem Schiff nach Australien ihren schwedisch-ungarischen Partner Johannes kennen- und lieben gelernt. Die beiden hatten ein Auto, wir ein Boot, und bald etablierte sich eine schöne Vierergemeinschaft für gemeinsame Unternehmungen. Oft fuhren wir mit ihrem Auto raus aus der Stadt und runter an die Küste.

Walter und Esther aus der Schweiz waren ein weiteres Freundespaar. Während die beiden Männer tauchten, sonnten Esther und ich uns am Strand. Walter und Horst waren erfahrene Taucher. Trotzdem gab es einen beängstigenden Zwischenfall beim Flaschentauchen in der Gruppe. Die Kumpels kamen zuerst hoch und sagten:

„Der Horst ist noch unten und macht Faxen."

Tatsächlich aber war ihm der Sauerstoff ausgegangen. Das Abenteuer ging glimpflich aus, trotzdem meine ich, dass da etwas zurückgeblieben ist. Eine Angst in gewissen Situationen, die er nicht einordnen, aber auch nicht ausblenden konnte.

Der Freundeskreis wuchs schnell. Bald stieß Pat dazu, die Schwester unseres freundlichen Englischlehrers Mike in Deutschland. Sie hatte einen fünfjährigen Sohn, den sie allein großzog, und schwärmte ganz unübersehbar für meinen gutaussehenden und charmanten Mann, der sich tatsächlich blendend mit ihr verstand. Ein Fall für Eifersucht? Ich dachte gar nicht daran! Ich mochte sie ebenso gerne. Dazu war ich Horsts Liebe und Zuneigung zu mir so unumstößlich gewiss, dass ich Pat niemals als Bedrohung wahrnahm. Sie wurde fester Bestandteil unseres Freundeskreises, feierte Silvester mit uns und begleitete uns 1970 auf einer Kreuzfahrt nach Neu-Guinea.

Irgendwann verschwand sie plötzlich und spurlos aus unserem Leben. Ich konnte mir keinen Reim drauf machen. Hatten wir sie etwa, ohne es zu merken, verletzt? Das Rätsel sollte sich erst viel später, nach Horsts Tod, aufklären. Pats Mutter hatte ihr nahegelegt, auf Distanz zu gehen, da sie fälschlicherweise annahm, ich müsse rasend eifersüchtig sein. Wie froh war ich, dass wir das Missverständnis aus der Welt schaffen konnten. Sie gehört immer noch zu meinen engeren Freundinnen und wir sind über die Kontinente in regelmäßigem Kontakt.

Aufbruch nach Asien

DER GROSSE TRIP

Als unsere zwei Jahre Australien zu Ende gingen, hatten wir nicht die geringste Lust, einfach wieder nach Europa zurückzufahren.

„Lass uns doch, wenn wir schon in der Gegend sind, noch Asien erkunden", meinte ich zu meinem Mann. Es brauchte nicht viel, ihn zu überreden. Wir luden unser Schwergepäck auf die MS Oriana, die wir in San Francisco einholen wollten. In unserer ganzen Zeit hier waren wir nicht dazugekommen, uns im Rest von Australien umzuschauen, daher reisten wir als erstes nach Melbourne und Adelaide. Hier wie dort hatten wir Freunde, die uns schon lange eingeladen hatten. Nächste Station war Perth, von dort bestiegen wir ein Flugzeug nach Jakarta.

Unser Reiseführer schrieb, dass wir für Indonesien keine Visa bräuchten. Bei der Abreise mussten wir bestürzt feststellen, dass diese Information längst veraltet war. Freundlicherweise willigte die Fluggesellschaft ein, uns trotzdem mitzunehmen. Wir wollten es drauf ankommen lassen und spekulierten auf ein *Visa at arrival*. Aber wir hatten falsch spekuliert. Am Zoll schickte man uns rüde zurück in den Transitbereich. Einreise ohne Visum nicht möglich. Ratlos standen wir herum, bis uns der Stewart unserer Maschine, der zuletzt von Bord gegangen war, riet, es doch einfach wenige Stunden später beim Personal der Spätschicht zu versuchen und einen Zehn-Dollar-Schein in die Pässe zu legen. Herzklopfend überreichten wir unsere Papiere und wir staunten: So also funktionierte Asien!

Bis zu unserem Anschlussflug nach Bali hatten wir vier Stunden Zeit. In der Lounge gab es Obstsalat mit Eisstückchen und ich schlug vor:

„Schauen wir uns doch ein wenig Jakarta an."

Wir verließen den Flughafen, wo sich sofort eine Wolke eilfertiger Taxifahrer um uns scharte. Wir nahmen den, der als erstes stand und baten ihn, uns doch ein wenig durch die Stadt zu fahren. Viel sahen wir nicht – und erst später merkten wir, dass der Führer uns einen überirdischen Preis abgeknöpft hatte.

Den gesamten Verlauf der Reise dokumentierte ich in langen Briefen an meine Familie.

BRIEFE IN DIE HEIMAT (AUSZÜGE)

Jakarta – *Im März 1971*

Was wir sahen, war eine furchtbar verschmutzte, von armen Menschen überfüllte Großstadt. In den stinkenden, seuchenbeladenen Kanälen schwammen nackte Menschen herum. Frauen wuschen ihre Wäsche in dem braunen Wasser und vereinzelt sahen wir Menschen bei der Haarwäsche. Ein Bild des Grauens bot sich uns, als wir an den Bahngleisen vorbeifuhren. Dicht an die Gleise heran sind die armseligen Hütten der ganz armen Indonesier gebaut. Hier wimmelte es von hasserfüllten Armen gegen den Kapitalismus der reichen Gesellschaft. Kein Wunder, dass hier die Korruption blüht und gedeiht. Genau wie die Seuchen, das Laster und die Gewalt.

Bali – *An meinem Geburtstag. 6.5.1971*

Nun meine Lieben im fernen Heimatland will ich euch etwas mehr von der geheimnisvollen Insel erzählen, die zum größten Teil Im Indischen Ozean liegt. Bali gehört zu den kleinen Sundainseln und ist von Australien aus nur einige wenige Stunden entfernt, jedoch von Europa eine ganze Tagesreise mit dem Flugzeug!

Das ist gut so, Bali ist noch verschont von großem Tourismus und wer sich hierher verirrt, glaubt, im Paradies zu sein. Allerdings kann man im Paradies auch Darmbeschwerden bekommen, und das sogar am Geburtstag! Heute muss ich für die Eiswürfel in Jakarta büßen. Aber ich will erstmal von gestern erzählen. Na, was wir da erlebt haben!

Bali ist die Insel der 1000 Tempel. Nun sind viele dieser Tempel sofern von jeder Zivilisation und sehr schwer zu erreichen, dass die meisten Touristen sich nur ein Taxi Mieten und sich zu den nächstgelegenen Tempeln hinfahren lassen und so die schönsten Tempel nie zu Gesicht bekommen.

Wir hatten uns in den Kopf gesetzt, dass wir einen dieser Tempel, die fast nur den einheimischen bekannt sind, besuchen wollten. „Uluwatu", der Name klingt wie Musik in unseren Ohren, da ein aufregendes Erlebnis damit verknüpft ist.

Wir fuhren mit dem „Bemo" das ist ein winzig kleiner Bus, ganz offen mit zwei kleinen Bänken für je drei Personen (jedoch sitzen sogar manchmal insgesamt 15 Personen in den Bus) nach Denpasur. Dort gingen wir zum

Taxistand und fragten den nächsten Taxifahrer nach einer Fahrt nach Uluwatu. Der Fahrer wusste über die Wegstrecke so gut Bescheid und lachte: „Nein, dahin fährt sie kein Taxi. Wir machen uns den Wagen kaputt und wer zahlt die Reparatur? Ich fahre sie gerne zu anderen Tempeln aber nicht nach Uluwatu!"

Wir fragten noch 3 weitere Fahrer, aber immer dieselbe Antwort. Da kam uns eine Idee. Wir wollten mal die Demo Fahrer Fragen. Vielleicht lässt sich einer von denen breitschlagen.

Auf dem Weg zum Demo Busbahnhof kamen wir bei der Polizei vorbei und fragten auch noch da nach einem Jeep, doch ohne Erfolg. Am Bemostand gerieten wir an einem sehr geschäftstüchtigen Jungen. Selbst ohne Bemo, wollte er uns ein Fahrzeug beschaffen. Wir handelten den Preis aus und danach rannte er davon. Nach einer Weile kam er zurück und brachte einen Bemofahrer mit. Nun fragte der uns erst nochmal, wo wir denn hinfahren wollten.

Uluwatu, meinte er. Nie gehört!

Ach, ereiferte sich der andere, lass nur, ich fahre mit, ich weiß den Weg!

Den ersten kurzen Teil der Wegstrecke konnten wir, er führte zurück zu unserem Hotel, am Kuta-Strand vorbei, dann fast bis zum Flughafen. Doch dann kam harte Arbeit für unseren kleinen Bemo. Kein Wunder, dass die Taxifahrer sich sträubten, diese furchtbar holprigen Feldwege zu befahren. Ja, manchmal war noch nicht mal mehr eine Andeutung von einem Weg zu sehen. Oft dachten

wir, der Fahrer würde aufgeben und umkehren, kopf-
schüttelnd guckte er seinen Wegzeiger an, doch der hatte
scheinbar nur seine Hälfte der Geldeinnahmen im Kopf
und feuerte ihn nur an, weiterzufahren. Meistens kamen
wir nur im Schneckentempo voran. 40 Kilometer waren
zurückzulegen. Hoffentlich kamen wir noch vor Dunkel-
heitseinbruch wieder heim. Die meiste Zeit hatten wir unsere Taschentücher vors Gesicht gebunden, um den pu-
derfeinen Staub etwas abzuhalten. Es war heiß und trocken und dasselbe traf auch auf unsere Mundhöhle zu.
Wir verspürten einen unsagbaren Durst.

Plötzlich sahen wir Häuser. Hurra, wir haben's geschafft.
Als erstes kauften wir uns was zu trinken. Denkste! Das
war nur eine kleine Ortschaft, der Tempel lag noch in
weiter Ferne! Was das kaufbare Getränk betraf: Nachdem
wir die selbst gebrauten Limonaden sahen, die in verlo-
ckenden grellen Farben an einem Stand angeboten wurden, ließen wir das Kaufen sein und beschlossen, weiter
zu dursten.

Cola kriegst du überall, Coke gibt es auf der ganzen Welt.
Ja, in Denpasar, aber nicht auf dem Weg nach Uluwatu.
Wer kommt schon nach Uluwatu, nur solche Verrückte
wie wir, die immer was Besonderes sehen und erleben
wollten. Hey, vielleicht lohnen sich die Strapazen gar
nicht und dann fluchen wir noch tagelang danach.

Statt etwas Flüssiges In den Mund, bekamen wir zwei
Tempelhüter neben uns in den Bemo gesetzt. Händchenhaltend saßen sie da und mucksten sich nicht. Der eine
hatte einen riesengroßen Schlüssel für den Tempel in der
Hand. So ging die Fahrt weiter und weiter. Sie schien

kein Ende zu nehmen. Da, hast du's gesehen, da glitzert doch etwas in der Ferne? Oder war es nur eine Fata Morgana? Aber schon waren wir den Hügel hinunter. Auf der Spitze des nächsten Hügels sahen aber alle das Glitzern. Das war das Meer!

Bald sahen wir auch einen riesengroßen Hügel, nein, es war mehr ein großer Fels und der ragte weit hinaus aufs Meer. Als besondere Krönung trug der Fels den Tempel von Uluwatu. Ein schöner Anblick. Halt! Anhalten!

Der Durst war vergessen, wir fühlten uns belohnt, ja beschenkt für unsere Ausdauer. Andächtig sahen wir auf das Bild, dass sich unseren Augen bot. Sogar die Balinesen schauten ergriffen aufs Ziel.

„Würden Sie diese beschwerliche Fahrt nochmal machen?", fragten wir den Fahrer. „Oh doch", meinte er. „Ich bin zum ersten Mal hier, so etwas Schönes habe ich noch nie gesehen", sagte er aufrichtig. Wir setzen uns alle wieder ins Bemo und fuhren den Weg hinunter zum Tempelaufgang.

Da hat der Tempel auf einem Vorgebirge gebaut ist, mussten wir ziemlich viele Treppen hochsteigen. Die Tempelwärter immer händchenhaltend voraus, manchmal auch eingehakt. Oben gabs frisches Quellenwasser. Zu unserer Schande müssen wir gestehen, wir tranken nichts davon, trotz größten Durstes. Das hat uns unsere Zivilisation gelehrt. haha!

Aber ein wunderschöner Tempel mit einem herrlichen Ausblick aufs Meer! Wir sahen Riesenschildkröten im

Wasser schwimmen und tauchen. Riesige Haie, die aussahen wie kleine Fische aus dieser schwindelnden Höhe. Einen herrlichen Sandstrand, an dem noch nie ein Mensch war, da man diesen Strand nicht erreichen kann, es sei denn, man stürzt sich die Klippen hinunter.

Doch wir mussten wieder zurück. Zurück nach Luhur, der nächsten Ortschaft, und unsere Tempelhüter abliefern (natürlich noch immer wie ein verliebtes Pärchen händchenhaltend) und dann zum Hotel. Vielleicht könnten wir in Luhur einen Tee trinken?

Dieselbe Idee hatten unsere Fahrer und der Führer. Sie tranken Tee in Luhur und forderten uns auf, auch zu trinken. Wir hätten bestimmt getrunken, hätten wir der Zubereitung nicht beigewohnt. Das Wasser wird dort aus einem Graben geschöpft, da hat es schon die Farbe von ziemlich starkem Tee, wird dann erhitzt, wohlgemerkt erhitzt, nicht gekocht, dann kommt in ein Glas eine violette Flüssigkeit, darauf wird Tee-Sud gegossen, fertig!

Da plötzlich Motorengeräusch. Ja was, ein Tourist auf einem Motorrad! Jetzt will der noch nach Uluwatu! Die händchenhaltenden Tempelwärter müssen sich trennen. Nur einer passt noch auf das Motorrad. Wir fahren auch wieder weiter, schließlich haben wir noch eine lange und beschwerliche Rückfahrt vor uns. Um es uns ein bisschen angenehmer zu machen, lässt der Gott von Uluwatu ein paar Regentropfen fallen! Eine Stunde vor Sonnenuntergang sind wir wieder am Kuta-Strand. Wir Mieten noch ein Ausliegerboot und fahren hinaus zum Tauchen. Was für ein herrlicher Tag geht zu Ende. Unvergesslich. Ein faszinierender Sonnenuntergang, der wieder unzählige

Touristen an den Kuta-Strand gelockt hat, beschließt den Tag auf Bali, der Insel der Tempel und Götter!

So, und nun kann ich von unserer heutigen Fahrt erzählen, die zwar nicht aufregend war, aber sehr interessant.

Aufregend war aber die Nacht für mich, da ich dauernd auf die Toilette rennen musste und das bei völliger Dunkelheit, denn Strom gibt es dort nicht ab 23:00 Uhr. Ja, und so war ich am Morgen noch ziemlich schwach und musste mich dauernd hinsetzen. Unser Dienstpersonal zeigte sich sehr besorgt und brachte verschiedene Pillen und Kapseln etc. So Glück hatte der holländische Professor vom Bungalow nebenan Mexaform S, die man eigentlich immer dabei haben sollte auf Reisen in warme Länder. Nach einer Tasse Tee und zwei Mexaform ging es mir besser und wir mieteten mit dem Professor zusammen ein Taxi. Wir fuhren 65 Kilometer. Unser Ziel war der Batur-See und der aktive Batur-Vulkan.

Auf dem Weg dorthin besuchten wir Holzschnitzerwerkstätten (die Holzschnitzarbeiten der Balinesen sind berühmt für ihre Exaktheit und Feinheit). Wir sahen den Männern bei der Arbeit zu und wunderten uns, wie preisgünstig wir unseren Kris (Balineser Schwert in Holzscheide mit feinen Schnitzereien) und Garuda (Vogelgott) und all die anderen Holzschnitzarbeiten eingekauft hatten.

In Bangli, 38 Kilometer von Denpasar entfernt, besuchten wir den Tempel zu Kehen, der noch aus dem 13. Jahrhundert stammt. Ein Schal musste gemietet werden, den wir um die Taille binden mussten, nur so waren wir erlaubt, die Tempelstadt mitten im tropischen Dschungel zu betreten.

Immer wieder fuhren wir an Reisfeldern vorbei, die meist in Terrassen angelegt sind. Viele Balinesen verdienen da ihr Brot, allerdings in sehr mühseliger Arbeit. Von Sonnenaufgang bis Sonnenuntergang. Das Essen wird ihnen gebracht und sie nehmen es im Reisfeld ein. Am Batur-See angelangt, werden wir erstmal überschüttet mit Früchten. Kleine Mädchen kommen ans Taxi und bieten uns ihre Ware an. „Versuchen, versuchen", heißt es nur, und nachdem wir von allen tropischen Früchten versucht haben, heißt es: „Du hast von meinem Obst versucht, nun musst du auch kaufen." Was bleibt uns übrig! Das Taxi wird vollgeladen mit allen möglichen und unmöglichen Obstsorten.

Doch weswegen wir gekommen sind, ist ja der See und der Vulkan. Na, das kann man ja wohl aktiv nennen, der raucht und prustet sich einen weg, da kann einem ja ganz schön Angst werden. Kein Wunder, dass so viele Leute durch diesen Vulkan obdachlos wurden.

Auf der Rückfahrt esse ich eine Frucht nach der anderen und komisch, es geht mir besser und besser!

Erwähnen möchte ich noch die Banyanbäume, die unter den Balinesen heilig sind! Diese uralten Bäume, in denen die Götter wohnen, ziehen das Augenmerk der Fremden durch ihre freihängenden, dünnen Wurzeln an, die zu Hunderten an einem Baum vorkommen. Sie hängen von den Ästen herunter und sind in den Boden eingewachsen.

*Nun, das wäre unsere Beschreibung von Bali, die Insel
der Ruhe, Insel das Glücks, Insel der vollendeten Harmo-
nie und Insel der vielseitigen Tänze! Jedes Fest hat seinen
Tanz! Da gibt es den Ketcak (Affentanz) oder Legong
(Tanz der jungen Mädchen) oder Tjalong arang (Kampf
des Guten über das Böse), der Krist-Tanz und so weiter.
Es gäbe bestimmt noch mehr von Bali zu berichten, aber
wir müssen ans Koffer packen gehen, morgen fliegen wir
nach Singapore! Hoffentlich klappt alles in Singapore.
Wir haben zwar Gutes von dieser Stadt und Land Singapore oder Singapur (Deutsch) gehört, zum Beispiel die
große Sauberkeit auf den Straßen usw. Aber auch von der
Unehrlichkeit der Taxifahrer (Nichtanstellen des Taxime-
ters „kaputt" usw). Naja, mal sehen!*

Bis zum nächsten Brief viele Grüße Horst und Waltraud

Singapur *– Am Sonnabend den 8.5.1971*

*Liebe Eltern, nur schnell einen Kartengruß von einem
Stadtbummel. Singapore ist schon interessant und ge-
heimnisvoll. Da gibt es noch Totenhäuser, wo die Sterben-
den hingebracht werden. Im Obergeschoss warten diese
Menschen auf den Tod und im Untergeschoss geht der
Sargbauer seinem Geschäft nach. Da türmen sich die fer-
tigen Särge. Grauenhaft für unsere Begriffe. Das soll aber
auch abgeschafft werden.*

*Nicht weit weg von dieser Totenstraße sind die modernen
Sozialwohnungen. Singapore ist vorbildlich in dieser
Hinsicht. Die Slums sollen alle bald verschwinden! Aus*

allen Fenstern weht die Nationalflagge! Ein großer Stock mit der aufgezogenen gewaschenen Wäsche!

Singapore ist ein Einkaufsparadies, die Ware ist über die Hälfte billiger als Australien!

2,4 Millionen Einwohner, 75 % Chinesen, 17 % Malaien, und 8 % Inder. Religionen: Moslems, Christen, Buddhisten, Juden, Hindus, Parsen und Sikhs.

Radio Singapur sendet in acht chinesischen Dialekten, Englisch und Malaiisch. Die Zeitungen erscheinen in zehn verschiedenen Sprachen. Gerade kommen wir von einer Hafenrundfahrt zurück, leider war es sehr trübe und regnet ab und zu. Interessanter als die chinesischen Dschunken, sonntags, Frachter oder Kohledampfer war für uns ein „Kelong". Das ist eine Fischfalle für ganz bequeme Fischer gebaut! Ein Fischerhäuschen steht auf vielen Pfählen im Wasser. Nachts wird eine Lampe im Wasser angeknipst, die Fische anlockt und früh zieht der Fischer sie nur aus dem Wasser.

Alles weitere im nächsten Brief!

Herzliche Grüße die gerade mit Stäbchen essenden Kinder

Waltraud und Horst

(Das geht aber gut mit den Stäbchen!)

Penang – Am 12. Mai 1971

Liebe Eltern, ja nochmal eine Karte von einer Besichtigungstour. Der versprochene Brief kommt dann von Bangkok! Wir sind gerade auf dem Penang Hill, dem *höchsten Berg der Insel. Bei schönem Wetter kann man bequem das Festland sehen (Malaysia) denn es ist ja nur einige hundert Meter entfernt und die Fährverbindung dorthin ist regelmäßig.*

Leider fängt hier schon der Monsun ankommen, wir hatten die falsche Jahreszeit für Penang gewählt. Wenn die Sonne scheint, muss Georgetown von hier oben schon herrlich aussehen!

Vorher haben wir den Kek Lok Si Tempel bestiegen! Er ist nach einer tibetanischen Idee gebaut! Chinesisch, burmesisch und siamesisch. Ein Prachtwerk. Mit vielen Buddhas. Die Darstellung der vier Himmelsrichtungen. Die Wächter Buddhas, die die Bösen vernichten, zertreten. Den Lügner, den Dieb. den Opiumsüchtigen, den Mörder, den Spieler, den Säufer und den Faulenzer. Jeder Buddha hat zwei Wächter. Jeder Tempel wird von zwei Löwen bewacht. Buddha hat 18 Apostel und viele Mönche. Der ganze Gotthimmel war dargestellt. Wir kletterten die Pagode der 1000 Buddhas hoch. Es war eine Tortur bei der Hitze!

Das Monasterium nebenan war mit einer Luftkühlanlage ausgestattet. Überall waren junge Mönche, die uns Futter zum Kauf anboten für die Schildkröten und Fische in den Teichen, die zum Tempel gehörten. Die Gläubigen kauften Weihrauchstäbchen und brannten sie an und steckten sie in einem Sandkasten vor dem Altar.

Übrigens ist der Weg von dem Dorf Ayer Hitam bis hinauf zum Tempel überdacht und ein Verkaufsstand steht neben dem anderen.

Gestern besichtigten wir den Thai Tempel mit dem liegenden Buddha und einem burmesischen Tempel. Vor dem Betreten der Tempel mussten wir die Schuhe ausziehen. In dem Burma Tempel strich eine Katze immer um meine Füße herum. Übrigens hingen in diesem Tempel viele Bilder von den deutschen Kaisern und andere alte Fotografien!

Heimzu wollten wir ein Taxi nehmen, fuhren aber nur 10 Meter damit, dann stiegen wir wieder aus. Der Fahrer nannte einen wahnsinnig hohen Preis bis zum Hotel und den Taximeter stellte er nicht an mit der Begründung: kaputt! Da machten wir kurzen Prozess. Die Busse sind preisgünstig Taxis im Allgemeinen auch, man muss nur handeln! Das wäre es erstmal. Brief folgt.

Herzliche Grüße Horst und Waltraud

Bangkok – *Im Wonnemonat Mai 1971*

Ja, ihr Lieben in Old Germany, nun haben wir schon Mitte Mai und ein weiterer Brief ist fällig.

Also, in Singapur hatten wir doch das 7 Storey Hotel gebucht und was glaubt ihr, was die sagten, als wir ankamen? „Ausgebucht." Wenn uns das in Bali passiert wäre, mitten in der Nacht! Aber das 7 Storey Hotel macht auch sonst keinen guten Eindruck. Schon der Taxifahrer wollte uns davon abbringen, dorthin zu fahren. Komischerweise wartete er draußen auf unsere Rückkehr, obwohl wir mit Sack und Pack ausgestiegen waren!

Als wir das Hotel verlassen wollten, eilte er uns entgegen: „Hab ich's nicht gesagt? Nun können Sie noch froh sein, *dass ich gewartet hab, denn hier in dieser Gegend finden Sie um diese Zeit kein Taxi mehr!"*

„Fahren Sie uns bitte zu einem guten, nicht zu teuren Gästehaus", baten wir ihn.

Er brachte uns zum Morningside House. Dort bekamen wir ein riesengroßes schönes sauberes Zimmer mit Bad, Dusche und Toilette und großem Balkon.

Singapore war sehr interessant. Wir aßen echt chinesisch in den Stalls am Singapore-Fluss. Spottbillig und furchtbar scharf! Eine Tagesbusfahrt führte uns zum Berg Faber (nachts fuhren wir nochmal hoch mit Jimmy), wo man einen tollen Blick hat über die City. Dann in den Paradise Nachtclub, hier wurden uns verschiedene Tänze vorgeführt und anschließend ging es in den Tiger Balm Garden. Der war für unsere Begriffe furchtbar kitschig. Nichts Lebendiges ist da zu sehen, nur furchtbar viele Figuren aus Gips aber alles so „Esso-Tigermäßig"!

Der botanische Garten war da lebendiger. Viele viele kleine Äffchen hüpften herum! Ich war so begeistert von den kleinen Dingern, dass ich unbedingt eines streicheln wollte. Es ließ mich ganz ran und plötzlich schoss es schnaubend auf mich zu. Ich erschrak zutiefst und rannte davon. Ich probierte es nicht nochmal. Und Orchideen, Orchideen, Orchideen …

Erwähnenswert sind die Schlangenbeschwörer, die man gegen Entgelt fotografieren darf.

Genug von Singapur, Jimmy brachte uns am Abflugtag mit seinem Auto zum Flughafen und schenkte mir noch eine Handtasche aus eigener Produktion. Horst wäre fast an diesem Morgen um seinen Fotoapparat gekommen. Er hängte ihn beim Frühstück achtlos über seine Stuhllehne. Später, als wir schon im Auto saßen und abfahren wollten, kam uns unser chinesischer Diener nachgerannt und schwenkte die Kamera. Ein Zeichen von Ehrlichkeit. Ziel war diesmal Penang. Ist es wirklich ein strahlendes Ferienland? Ein Paradies? Das letzte der Erde, wie Neckermann meinte? Diese winzige Insel im Indischen Ozean hat uns enttäuscht! So traumhaft schön Bali war und Penang sein soll, der Strand furchtbar weit weg von Georgetown hat nichts zu bieten!

Wir hatten ein sehr preisgünstiges, etwas außerhalb der Stadt gelegenes Hotel gebucht. Mit der Annahme, es läge am Strand, hatten wir uns auf eine Kombination von Tempelbesichtigungen und Baden vorbereitet. Dem Hotelpersonal musste ich erst sagen, dass sie unsere Bettwäsche wechseln sollten, sie war eindeutig benutzt. Dann war nur ein Handtuch da usw. Horst wollte gleich das Hotel wechseln, doch ein Blick auf die Karte zeigte, dass der Strand entsetzlich weit weg von allen Sehenswürdigkeiten liegt und man oft den Bus wechseln muss und lange Wartezeiten hat oder viel Geld für Taxen ausgeben muss. So blieben wir und waren froh, denn es regnete sehr oft und es war somit nichts mit viel am Strand liegen.

Einmal fuhren wir raus zum Strand. Das genügte vollkommen. Das Wasser, kristallklar angepriesen in unserem goldenen Reiseführer, war milchig. Der Strand, als 2 Kilometer lang angepriesen, war so schmal, dass uns bald die Lust verging Lust, da herumzuliegen. Horst hatte seine Taucherausrüstung dabei, denn auch für die Taucher sollte das Wasser was bieten. Enttäuscht kam er zurück. Wir fragten die Einheimischen über Tauchmöglichkeiten aus, und die wussten nichts davon. „Ja, weit weit weg von hier, aber da ist es dann ziemlich gefährlich", erklärten sie uns. Eigentlich hatte da unser Hotel Paramount noch am besten gehalten, was es versprach. Direkt am Wasser! Das stimmte – wir hatten es nur falsch ausgelegt.

Penang, furchtbar feucht heißes Klima! Tempel nicht schlecht, bis auf den berühmten Schlangentempel, der in der Nähe des Flughafens ist. Großer Reinfall, da liegen ein paar von Weihrauch betäubte Reptilien herum. Der Tempel selber ist nicht erwähnt. Dafür ist der Kek Lok Si Tempel eine Wucht! Leider regnete es in Strömen, als wir mit der Bergbahn den 900 Meter hohen Penang Hill hinauffuhren.

Für den Weg vom Bus zum Hotel nahmen wir uns noch eine überdachte „Trishaw", das ist ein Fahrrad, welches vorne zwei Sitzplätze hat. Es ist ein Vergnügen, jedoch hatten wir gemischte Gefühle, denn der Mann musste schon tüchtig in die Pedale treten.

Ja, und dann kamen wir hierher nach Thailand! Schon der Flug war ein Traum. Zuerst gabs Sekt, dann Wein und gutes Essen und als Nachspeise gab es einen herrlichen Sonnenuntergang. Allerdings bekamen wir einen Schreck, als wir in den Himmel sahen. Furchterregend, wie vor einem entsetzlichen Unwetter. Aber nichts geschah. Auch der nächste Tag brachte kein Unwetter, sondern die Sonne strahlte vom Himmel und es war furchtbar heiß.

In Flughafengebäuden sprang uns ein nettes Thai-Mädchen entgegen. Sie zeigte sich sehr hilfsbereit. Zuerst erkundigte sie sich nach Hotelreservation. Durch Singapore und Penang etwas misstrauisch geworden, ließen wir uns ein Hotel von ihr empfehlen. Nun war das zufällig das Hotel Royal, welches ein Freund von uns gebucht hatte. Wir wussten den Preis. Das Mädchen nannte einen höheren. Wir sprachen mit ihr darüber. „Moment, ich ruf das Hotel nochmal an." „Geht in Ordnung", kam sie zurück.

Das Hotel war sehr gut gelegen, sehr zentral. Schöner Blick auf den Palast. Das Schwimmbassinwasser sehr warm, keine Erfrischung. Essen und Trinken im Hotel ist nicht billig, aber gut. Gleich am ersten Tag besichtigten wir den Palast. Herren müssen eine Jacke und Krawatte tragen. Eric, unser Vietnamkämpfer, hatte beides nicht in seinem Gepäck. Horst lieh ihm eine Wildlederjacke und einen Binder. Damen dürfen keine offenen Sandalen tragen und keine Shorts oder lange Hosen. Es war eine entsetzliche Hitze, man konnte wirklich Mitleid mit den Herren bekommen. Aber der Palast ist schon das Schwitzen wert gewesen! Auf 218400 qm steht ein Prachtbau neben dem anderen. Das Ganze wird von mächtigen Mauern geschützt, die 1783 gebaut wurden. Die Länge der Mauern beträgt zusammen 1900 Meter!

Neben der königlichen Residenz steht die königliche Kapelle mit dem bekannten Emerald-Buddha. Der besteht

aus einem Stück Jade! Als König Rama I. die Stadt Bang-
kok mit der königlichen Kapelle und den großen Palast
gründete, ließ er den Emerald-Buddha mit Pomp und ei-
ner Zeremonie in der Kapelle auf einem goldenen Altar
installieren. Bis dahin war der Buddha immer auf Wan-
derschaft gewesen. Viele Könige hatten ihn schon im Be-
sitz und oft wurde er von einem Land ins andere mitge-
nommen usw.

Die 1900 Meter lange Mauer umschließt auch ein
Mönchskloster. Man merkt kaum den Übergang, denn
auch dort vergoldete Prunkbauten. Nur die Herren in
Hemdsärmeln fallen auf, denn im Kloster muss keine Ja-
cke und kein Binder getragen werden.

In der brütenden Mittagshitze machten wir uns auf den
Heimweg (5 Minuten). Wir kamen an mindestens 20
Wahrsagern vorbei. Die meisten lesen aus der Hand oder
aus einer Glaskugel.

Am späten Nachmittag gingen wir wieder los. Zum Re-
clining Buddha im Wat Po. Diesmal nahmen wir uns ei-
nen Führer. Auch hier die Gründung durch König Rama
I. im Jahr 1793. Der Tempel liegt südlich des großen Pa-
lastes, nur auf der anderen Straßenseite.

Der richtige Name ist Wat Phra Jetupon. Das Hauptinte-
resse der Besucher gilt dem zum Sterben niedergelegenen
Buddha! Er ist 49 Meter lang. 12 Meter hoch. Er ist aus
Backstein mit Zement erbaut und mit Goldblättern abge-
deckt. Er stellt den Buddha, als er im Jahr 543 vor Chris-
tus ins Nirwana ging.

*Wer war eigentlich Buddha? Königin Maja war 20 Jahre
verheiratet und kinderlos. Da träumte sie von einem Elefanten und wurde schwanger. Der alte brauch wollte es,
dass das Kind bei den Eltern der Frau geboren wird. Des-
halb machte sich die Königin auf den Weg. Im schönen
Frühlingssonnenschein machte sie Rast im Lumbini Park.
Als sie eine Blume pflücken wollte, wurde der Prinz geboren. Der König nannte das Kind Siddharta, das heißt
„jeder Wunsch ist erfüllt". Die schöne Mutter starb einige Tage nach der Geburt. Die jüngere Schwester von
ihr übernahm das Kind in liebevolle Pflege. Ein Einsied-
ler, der nicht weit weg in den Bergen wohnte, sah einen
Glorienschein über dem Schloss und legte dies als gutes
Omen aus. Er kam zum Palast und man zeigte ihm das
Kind. Daraufhin verkündete er, dass der Prinz eines Tages über alle vier Meere regieren werde. Wenn er religiös
leben werde, werde er ein Buddha werden und der Erlöser
der ganzen Welt.*

*Dies bewahrheitete sich erst zig Jahre später. Der Prinz
heiratete mit 19 und 10 Jahre später wurde er Vater.
Danach verließ er den Palast und irrte umher, bis er am
8. Dezember mit 35 Jahren Buddha wurde. Seine gläu-
bigsten Anhänger waren seine Verwandten, vor allem
seine Vater. Für 45 Jahre zog Buddha im Land umher und
lehrte. Es ist interessant, wenn man die Lehren von Buddha nachliest. Sie erinnern sehr an das Christentum, nur
hat Buddha ja viel früher als Christus gelebt!*

*Einer dieser Tempelbauten in Wat Po trägt die Legende
von Hanuman, dem Affengott, in 152 Szenen an den Au-
ßenseiten in Marmorplattenschnitzereien. Bekannt sind
die Szenen durch die Steinreibereien. Es ist ein besonderes*

unkompliziertes Verfahren, welches meist junge Studenten anwenden, um die Marmorplattenschnitzereien auf Papier zu bringen. Billig in der Herstellung, sehen sie recht exotisch aus und lassen sich leicht verkaufen. Auch wir kauften zwei für 50 Cent. Wir ließen sie nur einrahmen. Ein Rahmen kostete über fünf Dollar.

In der Wat Po Tempelstadt gibt es Klosterschüler mit geschorenem Haupt. Man sieht Buddhistenmönche hier in allen Altersgruppen in ihren orangefarbenen Tücherkutten herumlaufen. An den Füßen tragen sie entweder gar nichts oder leichte Sandalen. Die Buddhistenmönche lassen sich gerne fotografieren. Man trifft sie überall in Thailand und sie sind gern gesehen und hochgeachtet.

Nun genug davon! Am nächsten Tag besuchten wir den schwimmenden Markt. Das ist DIE Attraktion Bangkoks.

Zuerst wollten wir zusammen mit Erik auf eigene Faust losziehen. Doch unser Führer im Wat Po hatte uns gewarnt und sich angeboten uns zu führen. Ihm sagten wir zwar sofort ab, aber am nächsten Morgen um sieben Uhr, als wir losziehen wollten, entschlossen wir uns doch noch für eine organisierte Tour. Die Tour ging am Hotel Royal ab und es waren auch noch ein paar Plätze frei. Zuerst ging es über 40 Minuten durch die Stadt im morgendlichen Großstadtverkehr. Am Dusit Thani Hotel vorbei zum Oriental. Da stiegen wir aus und bestiegen ein großes Motorboot. Bangkok, Venedig des Ostens, hat viele „Klongs" (Wasserstraßen). Unglaublich, was da alles drin- und draufschwimmt! Früh, zwischen sieben und acht Uhr, herrscht reger Verkehr auf den Klongs. Später kommen dann noch die Touristenmotorboote dazu, dann droht an manchen Stellen der Zusammenbruch des Wasserverkehrs. Wie der Name sagt, es ist ein schwimmender Markt mit Früchten, Kokosnüssen, Gemüse, Fleisch, Holz, Kohlen, eigentlich haben die Boote so ziemlich alles drauf, was man sich denken kann. Fast noch interessanter als die Boote ist das Treiben der Thais am Ufer. Auf Pfählen sind die meist offenen Hütten ins Wasser hineingebaut. Die Händler in der Wasserstraße beliefern die Häuser mit Mehl, Gewürzen, Obst und Zuckersachen.

Nun kann man in den Morgenstunden vom Motorboot aus als Fremder gar seltsame Beobachtungen anstellen. Hier wird gerade der Nachttopf ins morastige Wasser entleert und die Nachbarin putzt im selben Wasser im selben Moment ihre Zähne. Ja, die Thais sind saubere Menschen. Unzählige Eingeborene sind an diesem Morgen beim Haarewaschen. Und nackte Kinder schwimmen fröhlich in der braunen Brühe umher. Na – die Wäsche muss ja sauber werden. Die meisten Frauen sind bei der täglichen kleinen Wäsche. Ach, und hier sind einige Mädchen dabei, das Frühstücksgeschirr abzuwaschen. Nur immer rein Onkel Gustav. Ja, und was schwimmt denn da auf dem Wasser? Oft sind auf einem breiten Balken Hunde, Katzen und Affen angebunden. Viele Jungen hängen sich an die Touristenboote und lassen sich mitziehen, bis jemand von den Fremden auf die Idee kommt und Münzen ins Wasser wirft. Dann sind sie weg und tauchen später auf, mit der Münze im Mund. Manche schlucken sie auch hinunter, sie kommt ja später wieder zum Vorschein. Mmmmh – heute gibt es gebratene Schlange zum Mittagessen. Wir gucken alle gebannt ans Ufer. Da enthäutet gerade eine Frau eine Schlange! Einmaliger Hohepunkt der Wasserfahrt soll der Anblick der Königlichen Barke sein. Kurz vor Ende der Fahrt kommen einige Jungen ans Boot geschwommen und bieten Glöckchen zum Kauf. Später hatte ich eine Umfrage wer die Barge gesehen hätte. Niemand? Ja, als die Jungen die Glöckchen anboten, meinte der Reiseleiter, das sind Glöckchen, wie sie auch am königlichen Palast vorkommen und dort drüben in der großen Halle steht die königliche Barge.

Ja, es ist ein absolutes Muss für jeden Besucher Bangkoks, diese Tour, die etwa 28 DM kostet, mitzumachen. Sie ist das Geld wirklich wert, sieht man außerdem noch den ältesten Tempel Wat Arun, wo die Boote anhalten, und man hat Zeit, sich umzusehen. Außerdem wird noch Halt gemacht an Verkaufsständen, dort kann man sehr preisgünstig einkaufen. Anschließend besuchten wir noch das Museum, welches nicht unweit vom Königspalast ist. Ein Bummel durch den Wochenendmarkt beschloss den Morgen. Für Kinder ersetzt dieser Markt den Zoo. Nicht nur Hunde, Katzen, Geflügel und Fische, sondern auch Affen, Tigerbabys, Schlangen, Schildkröten, Eulen, ja sogar einen kleinen, schwarzen Bär mit weißem Kragen kann man nicht nur bewundern, sondern sogar kaufen. Außerdem werden hier noch Kleidung, Schuhe, Schmuck, Lebensmittel, Gewürze, eigentlich alles, was man sich denken kann, angeboten. Uns hatte es der kleine Kragenbär angetan. Er sah so putzig aus. Wir fragten seinen Besitzer, wie er ihn bekommen hätte. „Ich erschoss seine Eltern", klärte er uns auf.

Den Wochenendmarkt besuchen wir noch einmal am Abend und am Sonntag noch zweimal. Meist kamen wir dann mit großen Tüten ins Hotel zurück. Die waren gefüllt mit herrlich duftendem exotischen Obst. Mango, die schönste und schwierigste Frucht der Tropen, hatte es uns angetan. Mit Hingabe und Genuss ist sie nur in der Badewanne zu verzehren.

Horst wollte gar zu gern eine grüne Schlange kaufen, die man bequem in der Hosentasche verstecken kann und die nicht giftig ist. Sie gefiel mir gar nicht als Souvenir. Mehrere von diesen Schlangen zusammengebunden sehen aus, wie ein großes Grasbüschel, weil sie so furchtbar schlank sind.

An den Essständen wurden die wunderlichsten „Delikatessen" angeboten. Horst hatte es auf Betelnüsse abgesehen. Noch nie eine Betelnuss gesehen, wusste er nicht, was er kaufen sollte. So zeigte er auf die roten Zähne der Eingeborenen und frage: „Wo ist die Betelnuss?" Die meisten Verkaufspersonen lachten und freuten sich riesig über diesen Witzemacher, der da auf sie zeigte, verstanden aber nicht, was er damit wollte. Als er schließlich auf sich selbst zeigte und zu kauen begann, begann eine Frau zu begreifen und schenkte ihm zwei Betelnüsse. „Furchtbar bitter schmeckte das Zeugs, welches bei genügender Menge einen roten Mund gibt", hat Horst anschließend in unser Reisetagebuch geschrieben.

Am Sonntag besuchten wir TIMland „Thailand In Miniature". Unser Reiseleiter klärte uns allerdings auf, der Mann, der diesen Thailandpark eröffnete und besitzt und noch weiter ausbauen will, heißt Tim.

Schade, dass Erik, unser Vietnamsoldat, die Fahrt nicht mitmachte. Ihm war die Geldbörse am Abend vorher mit

über fünfzig Dollar sehr geschickt durch einen Trick ent-
wendet worden. Und er hatte sich vorgenommen, am
Sonntag keinen Cent auszugeben. TIMland lohnte sich in
jeder Hinsicht. Wir sahen arbeitende Elefanten, verschiedene Thai-Tänze, einen Hahnenkampf, schwertschlagende
Männer und Frauen (natürlich gewannen die Frauen
über die Männer), Thaiboxen, das Entgiften von Schlangen und das Entstehen von Seide. Unser Reiseleiter oder
Tourführer meinte auf unsere Klage, dass wir keine Zeit
hätten, uns die TIMland-Souvenirstände anzuschauen,
wir würden anschließend zu seinem Vetter fahren, der
hätte ein Geschäft, da könnten wir günstig einkaufen. Ja,
so kam ich an diesem Tag zu drei wunderschönen Ringen.
Hort war nicht so sehr begeistert von diesem Ringkauf,
denn er meinte, man kauft doch nicht Ringe so „dir
nichts, mir nichts". Er selbst erstand nur einen dicken la-
chenden Buddha aus Holz. Eigentlich hatte ich vorgehabt,
nur ein paar seidene Krawatten zu kaufen. Aus diesem
Kauf wurde nichts, weil ich mich zu lange auf die Ringe
konzentriert hatte und eigentlich schon lange Laden-
schluss war. Doch die Verkäuferinnen waren immer noch
freundlich und sprachen fließend ein gut verständliches
Englisch.

Heute Nachmittag fliegen wir zusammen mit Erik nach
Hong Kong, unser letzter Tag in Thailand. Beinah hätten
wir unseren Abflugtermin geändert und wären noch eine
Woche am Golf von Siam geblieben. Gestern waren wir
nämlich draußen am Pattaya-Strand und da war es wie
im Märchen! Licht, Wasser, Sand und Palmen. Keine
Fliegen oder sonstiges was da manchmal kreucht und
fleucht und ganz wenig Menschen. Wir fuhren in einem

großen Bus hin, über zwei Stunden von Bangkok direkt zu einem Hotel am Strand. Das Pattaya Palace Hotel ist erst im September 1970 eröffnet worden und ist nicht nur super toll, sondern hat das beste Personal, das uns bis jetzt bedient hat. Die Preise sind allerdings auch toll. Aber gute Bedienung kostet eben Geld. Hauptsächlich wollen wir auch das Wasser wegen Horsts Tauchleidenschaft. Allerdings wurden wir erstmal wahnsinnig enttäuscht. Zwar besitzt Horst einige Tauchutensilien, jedoch hätte er sich noch vieles leihen müssen. Alles zusammen wäre auf über 200 DM gekommen, und das nur für drei Stunden! Bestürzt verließen wir den Tauchutensilien-Shop des Hotels und rannten hinunter an den herrlichen Strand. Da, wie in einem schönen Traum, kam ein Mann zu uns und fragte, ob wir mit seinem Boot rausfahren wollten zu den Inseln. Wir fragten, wieviel das kosten würde, und er nannte uns einen spottbilligen Preis.

Er hatte alles an Bord, was man zum Tauchen braucht und bedauerte immer wieder, dass wir so wenig Zeit hätten. Er würde uns so gerne die Inseln zeigen.

„Die Insel, wo ich Sie jetzt hinfahre, ist doch nur Nummer zwei. Sie müssten Nummer eins sehen, aber da müssten sie länger Zeit haben und dann könnten sie dort auch schlafen, einfach am Strand. Dort brauchen Sie kein Hotel zu nehmen. Es ist herrlich dort ach, sie müssen wiederkommen und halten Sie nach mir Ausschau!"

Wir brauchten eine ganze Stunde, um zu Nummer 2 zu kommen. Der Mann warf den Anker, und Horst sprang ins Wasser. Erst blieb ich auf dem Boot und schaute hinunter auf das kristallklare Wasser. Ich dachte an Haie und

*giftige Wasserschlangen. Der Mann hatte scheinbar
meine Gedanken erraten, denn er kam mit einem Taucher-
glas und meinte:*

*„Gehen sie doch auch hinunter ins Wasser. Sie brauchen
wirklich keine Angst zu haben. Hier gibt es keine Haie
und Schlangen."*

*Schwupp war ich im Wasser. Es war großartig. Die Un-
terwasserwelt war so bunt und die Fische so zahm, dass
ich Horst plötzlich begriff, wenn er immer beteuerte, er
könne keinen Fisch mit der Harpune töten, die Fische wären so zahm.*

*Nach einer Stunde zog unser Mann den Anker ein und
das Boot tuckerte heimwärts. Er hatte alles an Bord, was
man zum Grillen braucht, und er meinte, das nächste
Mal, wenn wir kämen, würde er mit uns einen ganzen
Tag rausfahren und wir könnten fischen; er würde die Fische für uns putzen und grillen. Wir würden viel Spaß
bekommen, und wir müssten nicht viel dafür bezahlen.
Ob er unsere Namen behalten wird bis zum nächsten
Mal? Er erzählte von seinen Touristen und nannte sie
alle beim Namen.*

*Noch ein paar Züge im Schwimmbassin des Hotels, unter
die erfrischende Dusche und die Haare gewaschen. Und
dann in den Bus. Um sich eine Erkältung zu holen, denn
der ist natürlich luftgekühlt und der Wind geht schon so
stark, dass man ihn nicht mehr angenehm nennen kann.
Horst holte sich eine Erkältung. Heute geht es ihm schon
ein bisschen besser.*

In zwei Stunden werden wir Bangkok verlassen. Wir haben so viel gesehen in Thailand und doch nicht genug. Wir müssen wieder kommen! Hier am Flughafen ist viel los, viel Aufregung. Erik hat Schwierigkeiten bekommen, weil er nur einen einfachen Flug hat nach Hong Kong. Er musste den Weiterflug nach Taiwan kaufen. Sonst lassen Sie ihn nicht rein nach Hong Kong. Das wollte unser lieber Vietnamkrieger nicht einsehen.

Mir hat man plötzlich Angst machen wollen wegen der Ringe. Der Zoll wäre sehr scharf und man müsste alles öffnen, sogar die Handtasche. Aber wir sind jetzt durch den Zoll und nichts ist passiert. Also bis zum nächsten Brief.

Herzliche Grüße Horst und Waltraud

HONGKONG UND JAPAN

Hongkong war eine weitere Station. Wir ließen uns durch die Straßen treiben und erlebten die Stadt hauptsächlich als ein riesengroßes Einkaufsparadies. Mutig ließen wir uns ein Abendkleid für mich und einen Anzug für meinen Mann schneidern. Als wir unsere maßgefertigte Galakleidung dann das erste und letzte Mal beim Dinner auf dem Schiff ausführten, sah Horst in seinem sehr eng geschnittenen Anzug aus wie ein Konfirmand und ich fühlte mich wie Barbie auf Reisen.

Die Regenzeit in Asien ist eindrucksvoll: Zwei Tage lang regnete es so heftig und ohne Unterlass, dass die Straßen sich in reißende Bäche verwandelten und wir unser Hotel nicht verlassen konnten. Als es wieder aufklarte, machten wir einen Ausflug nach Rotchina, wo wir einen Seidenteppich kauften, der heute noch meine Wand ziert. Und wir ließen es uns nicht nehmen, einen Tagesausflug mit dem Schiff ins portugiesische Macao zu unternehmen.

Japan war verwirrend. Wir hatten es uns in den Kopf gesetzt, den Fujiyama zu besteigen. Die Anreise zog sich endlos hin. Schließlich saßen wir in dem Bus, der uns zu den Aussichtsplattformen auf dem Kegelberg bringen sollte. Als wir schließlich oben ankamen, erfuhren wir, dass dies der letzte Bus des Tages sei. Wenn wir nicht oben über Nacht bleiben wollten, blieb uns nichts anderes übrig, als direkt, ohne auch nur auszusteigen, wieder ins Tal zurückzufahren. Aber wir waren auf dem Fujiyama!

Von Tokyo flogen wir nach Hawaii, wo ein kurzer Stopp auf dem Weg nach San Francisco immerhin dafür reichte, uns Honolulu anzuschauen und sogar einen Tauchgang für Horst einzuschieben. In San Francisco schließlich trafen wir auf die MS Oriana, die unser Umzugsgepäck an Bord hatte. Wir schifften uns ein und genossen die Seereise nach Acapulco, durch den Panama-Kanal über die Bahamas und über den weiten Atlantik zurück nach Europa.

Südafrika

PROJEKT AUF EIS

Nach unserer Rückkehr aus Australien entdeckten wir die Ausschreibung einer Ingenieursstelle beim geplanten Neubau des Krankenhauses in Schweinfurt. Horst machte das Rennen und unterschrieb den Vertrag. Das Projekt lag jedoch auf Eis, da die Genehmigung der Gelder durch die Ämter noch ausstand. Die Wartezeit wollten wir nutzen. Unsere Abenteuerlust war noch lange nicht gestillt, gab es doch noch so viel in der großen weiten Welt, was wir nicht gesehen hatten.

Wir machten uns kundig und stießen auf Südafrika. Auch dort wurden dringend Arbeitskräfte mit unseren Qualifikationen gesucht. Unser Flug wurde von der Immigrations-Behörde bezuschusst und kostete für uns gerade mal vierzig D-Mark. Von Anfang an wussten wir, dass wir nur drei Monate würden bleiben können. Länger konnte Horst, der Menschenfreund, sich aber auch nicht vorstellen, in einem Apartheid-Land mit strikter Rassentrennung zu leben. Unser Ziel war Durban, eine große Industrie- und Hafenstadt am Indischen Ozean, wo die Firma, für die Horst schon in Australien gearbeitet hatte, eine Niederlassung hatte.

Wir landeten im September 1971. Zunächst waren wir zu Gast bei einer alten Bekannten aus Schweinfurt, die schon länger in Johannisburg lebte und Spaß daran hatte, uns die Stadt zu zeigen. Ich staunte am meisten über die ungeheure Luftverschmutzung. Wenn ich das Kleid, das ich tagsüber trug, abends auswusch, kam eine kohlschwarze Brühe heraus.

Bald zog es uns weiter und wir bestiegen den Zug nach Durban. Dort hatte Südafrika uns Ankömmlinge auf Staatskosten im *Hotel Butterworth's* einquartiert, einem viktorianisch anmutenden Bau aus den 1890er-Jahren. Zu seiner Entstehungszeit war das Hotel eines der elegantesten Privathotels der Stadt und das Casino war weithin berühmt. Jetzt hatte es seine besten Tage längst hinter sich. Als Horst anfing zu arbeiten, blieben wir hier wohnen, diesmal aber auf eigene Rechnung.

Ich sah mich ebenfalls schnell nach einer Anstellung um. Mein hervorragendes Zeugnis aus Australien in der Tasche, sprach ich beim Edel-Kaufhaus *Stuttafords* vor. Dort wollte man mich gerne haben, meinte aber, ich müsse zwei Wochen warten, es sei gerade Einstellungsstopp. Zur Überbrückung trat ich eine Stelle in einem anderen Kaufhaus an. Als ich dort nach nur zwei Wochen kündigte, war man sehr erstaunt und fragte nach, ob etwas nicht stimme, man wolle mich doch sehr gerne behalten. Ich entgegnete:

„Nein, alles ist ok, aber ich bin es nun mal gewohnt, im ersten Haus am Platz zu arbeiten."

Bei Stuttafords kam ich das erste Mal mit der mir vollkommen ungewohnten Rassenproblematik unseres Gastlandes in Berührung. So erfuhr ich zu meiner Verwunderung, dass meine wunderbare farbige Kollegin, die mich einarbeitete und mit der ich mich schnell anfreundete, trotz identischer Tätigkeit nur ein Drittel meines Gehalts bezog. Sie durfte nicht denselben Eingang benutzen und auch nicht dieselbe Cafeteria. Öffentliche Einrichtungen waren streng getrennt – es gab separate Strände, Busse,

Toiletten, Schulen, Aufzüge, Restaurants, Parkbänke, Blut-
konserven, Rettungswagen etc. und damit eine fast durch-
gehende räumliche Trennung von Schwarzen, Weißen
und Farbigen. Auch würde eine Farbige, das erklärte mir
die Kollegin, nie einen Schwarzen heiraten. Einen Inder,
einen Chinesen vielleicht noch – aber nie einen Schwarzen.

Mein Mann in seiner freundlichen und kontaktfreudigen
Art fand es schwierig, sich an die herrschenden Sitten zu
gewöhnen. Er hatte einen sehr netten schwarzen Kollegen,
der ihm zuarbeitete. Warum wurde der immer nervös,
wenn Horst ihn nach seinen Lebensverhältnissen befragte
oder sich nach seiner Familie erkundigte?

„Sie bringen sich noch in Schwierigkeiten, wenn Sie so
viel mit mir reden", war dessen Antwort.

Es war gut, dass unser Aufenthalt von vorneherein auf
ein Vierteljahr begrenzt war. Nun wollten wir noch reisen
und Afrika besser kennenlernen. Am Tag unseres Abflugs
aus Durban hatte ich meine farbige Kollegin mit ihrem
Sohn zum Flughafen eingeladen. Was für ein Erlebnis für
sie – vor Aufregung hatte sie Fieber, und dieses Gebäude
hätte sie ohne unsere Einladung niemals im Leben betreten.

Zunächst flogen wir nach Südostafrika und erkundeten
Malawi, das sich an den riesigen gleichnamigen See
schmiegte. In diesem kleinen Staat herrschten strenge Sitten: Für Männer waren engen Hosen tabu und Frauen
mussten stets Schultern und Knie bedeckt halten. Nun
hatte ich ein Problem: In Südafrika hatte ich – wie alle anderen jungen Frauen in dieser Zeit – ausschließlich Mini
getragen und mein Koffer gab nichts anderes her! In einer
nächtlichen Do-it-yourself-Operation musste ich den

Saum meines kurzen Kleides an die züchtigen Regeln vor Ort anpassen.

Unterwegs per Mietwagen fiel uns eine riesige schwarze Wolke am Horizont auf. Als wir näherkamen, bedeuteten uns die Menschen auf der Straße mit aufgeregten Armbewegungen: Fenster herunterkurbeln! Als es unter den Rädern knirschte und Abertausende Heuschrecken auf die Windschutzscheibe prasselten, verstanden wir. Wir befanden uns im Zentrum einer dieser biblischen Plagen, die immer wieder die ohnehin leidgeprüften Menschen in diesem Teil der Welt heimsuchten. Beim Weiterfahren sahen wir, wie radikal die Verwüstungen des Heuschreckenschwarms ausgefallen waren. Kein Blatt mehr an den Bäumen, kein Halm am Boden. Gespenstisch – und eine Katastrophe für Mensch und Tier.

Ich genoss es immer, mit Horst zu reisen: Innerhalb kürzester Zeit knüpfte er freundschaftlichen Kontakt zu allen Menschen, vollkommen unabhängig von ihrer Position oder Hautfarbe. So muss er einem Hotelmitarbeiter unsere Heimatadresse genannt haben, denn als wir nach weiteren Stationen in Nairobi und am Tanganjika-See kurz nach Weihnachten zurück in Deutschland waren, bekamen wir einen Brief:

„… Dear friends, I hope you arrived safe in your country and you and your family are well … I would ask you to send a stereo unit for my family … Your friend from Malawi"

Zurück in der Heimat

DER ROCK IN PINK

Zurück in Schweinfurt bezogen wir eine Wohnung in der Nähe des Krankenhauses, für dessen Planung Horst zuständig war. Mittlerweile waren die Gelder genehmigt, der Neubau ging zügig voran und die Perspektive war, technischer Direktor des Krankenhauses zu werden – eine interessante, solide und sichere Position. Wir richteten uns darauf ein, ein Haus zu bauen und dauerhaft in der Gegend zu bleiben.

Bald begann ich im exklusiven Modehaus Müller in der Spitalstraße zu arbeiten. Die Tätigkeit als Verkäuferin bereitete mir auch in der Heimat große Freude. Alle Angestellten waren gehalten, stets gutgekleidet zur Arbeit zu erscheinen. Kein Problem für mich, hatte ich doch ein natürliches Händchen für Mode und seit ich endlich die strenge Schwesterntracht ablegen durfte, war es mir ein Vergnügen und ein Bedürfnis, mich elegant und stilvoll zu kleiden. Allerdings galt für alle Beschäftigten die Vorschrift, ausschließlich im eigenen Haus erworbene Kleidung zu tragen, um damit Kaufanreize für die Kundschaft zu bieten. Eines Tages trug ich verabredungswidrig einen wunderschönen Rock in leuchtendem Pink, den ich tatsächlich außerhalb gekauft hatte. Er war so schick und auffällig, dass mich mehrere Kunden ansprachen, wo dieses Schmuckstück denn zu finden sei. Verschämt musste ich ihnen gestehen, dass er bei uns im Haus nicht erhältlich sei. Meinem Chef war das nicht entgangen und er zitierte mich zu sich:

„Frau Büschgen, nach der Mittagspause möchte ich Sie nicht mehr in diesem Rock sehen!"

Zu Hause beim Mittagessen erzählte ich Horst von der Episode. Er war entrüstet:

„Und jetzt gehst du erst recht in diesem Rock wieder hin."

Natürlich wurde ich gleich wieder zur Rede gestellt, bis ich schließlich sagte:

„Den Rock werden Sie hier nie mehr sehen. Ich kündige!"

ADOPTIONSVERSUCH UND KRANKHEIT

Nachdem feststand, dass wir keine eigenen Kinder würden bekommen können, entschieden wir uns, ein Baby zu adoptieren. Kaum war der Antrag gestellt, bekamen wir ein Angebot. Ein siebzehnjähriges Mädchen war schwanger, und das nicht einmal von ihrem Freund, sondern von einem anderen. Direkt nach der Geburt wollte sie das Kind zur Adoption freigeben. Das Jugendamt signalisierte, dass ich mit meinem Beruf das Baby schon auf der Neugeborenenstation versorgen könne. Da aber der leiblichen Mutter eine Frist zustand, während der sie ihre Entscheidung noch einmal überdenken konnte, musste der Säugling zunächst noch für sechs Wochen ins Kinderheim. Ich dürfe aber das Kind als Pflegerin begleiten. Ideal!

Unsere Freude war groß, zugleich merkte ich, dass es meinem Mann nicht gut ging. Er hatte Schluckbeschwerden und fühlte sich merkwürdig abgeschlagen. Einem Arztbesuch wich er hartnäckig aus. Stattdessen bat er mich, selbst einen Termin zu vereinbaren und mit seinen Symptomen vorstellig zu werden. Der Arzt verschrieb mir

Mit Eltern und Schwester im heimischen Garten

eine grausam stinkende Tinktur – ich glaube, es war Wermut – die ich für Horst aus der Apotheke besorgte. Aber lange ließ es sich nicht mehr ignorieren: Mein geliebter Mann wurde immer kränker. Als er sich schließlich geschlagen gab und doch zum Arzt ging, begleitete ich ihn. Die notwendigen Untersuchungen – heutzutage längst unter Narkose durchgeführt – waren für ihn kaum zu ertragen. Seine gesamte Speiseröhre war schwer entzündet und ich hörte ihn, der sonst so tapfer war, laut schreien. Danach meinte er:

„Lieber sterbe ich, als dass ich das noch einmal durchmache."

Ich pflegte ihn zu Hause. Ein junger Arzt kam regelmäßig und ließ mir Spritzen für ihn da. Er war es, der mich nach einer Weile beiseite nahm und mir unter vier Augen sagte:

„Frau Büschgen, Sie müssen sich auch mit dem Gedanken auseinandersetzen, dass Ihr Mann unheilbaren Krebs haben könnte."

Das hörte ich wohl, aber innerlich kam die Nachricht nicht an. Ausgerechnet jetzt kündigte sich Besuch aus Neuseeland an. Horst konnte sich nur noch auf Krücken fortbewegen, aber damit humpelte er – freundlich und hilfsbereit wie immer – mit dem Gast ins Autohaus, um beim Autokauf zu assistieren. Und plötzlich setzte mein lieber Mann, der Mercedesfahrer immer als Schnösel oder Spießer verachtet hatte, sich in den Kopf, er wolle einen Mercedes kaufen. Ich war erstaunt. Was sollten wir gerade jetzt mit solch einem Auto? Ich hörte ihn murmeln: „Dann wirst du wenigstens eine reiche Witwe …"

Die Zeichen mehrten sich. Meiner Mutter raunte Horst beim Abschied zu:

„In vier Wochen sehen wir uns wieder – zur Beerdigung."

Nun ging es rapide bergab. Es ging Horst so schlecht, dass er, der Krankenhäuser hasste, kleinlaut einwilligen musste, sich in die Uniklinik in Erlangen einweisen zu lassen. Das Jugendamt, das ich davon in Kenntnis setzen musste, teilte uns lapidar mit, wir sollten uns einfach melden, wenn mein Mann wieder gesund sei.

Horst, der nie ein Telefon wollte, bat mich plötzlich, eines zu beantragen. Normalerweise gab es dafür eine wochenlange Warteschlange. Ein Freund aus seinem Posaunenchor jedoch arbeitete beim Amt und hatte die Möglichkeit, unseren Antrag bevorzugt zu behandeln. Ihm war die Dringlichkeit des Anliegens wohl auch bewusst.

Auf der Fahrt ins Krankenhaus begleitete ich Horst im Krankenwagen. Schweigend. Wir, die wir sonst über alles reden konnten, fanden plötzlich keine Worte mehr. Sein Blick, als ich ihn alleine im Krankenhaus zurücklassen musste, war einsam und verzweifelt.

Am 5. Juli 1974, kurz vor Vollendung seines vierunddreißigsten Lebensjahres, wurde Horst von seinem Leiden erlöst. In der Klinik fragte man mich, ob ich in eine Obduktion einwilligen würde. Ich stimmte zu. Die posthume Diagnose lautete Magenkrebs. Ich fragte, was sie getan hätten, wenn ich die Obduktion abgelehnt hätte.

„Wir hätten trotzdem obduziert."

Die Trauerfeier auf dem großen Friedhof von Schweinfurt war eindrucksvoll. Ich hatte einen Pfarrer, der ihm seit den gemeinsamen Tagen als Kriegsdienstverweigerer nahestand, gebeten, die Zeremonie abzuhalten. Unzählige Menschen hatten sich aufgemacht, meinen viel zu jung davongegangenen Mann zu verabschieden. Und zu den schönsten Chorälen des Posaunenchors, die Horst vor Kurzem noch selbst mitgespielt hatte, versank sein Sarg unter einem Meer von Blumen.

SÄUGLINGSSTATION

Nun musste ich mich von einem Tag auf den anderen in meinem Leben als Witwe einrichten. Die geplante Adoption war unter diesen veränderten Bedingungen nicht mehr denkbar. Auch in Schweinfurt wollte ich nun nicht mehr bleiben. Ich spürte in meinem Inneren, dass mir eine echte Aufgabe guttun würde, und wandte mich wieder meinem eigentlichen Beruf zu.

Meine erste neue berufliche Station sollte die Frauenklinik in Rheinfelden an der Schweizer Grenze werden, wo ich im November 1974 eine Stelle als Kinderkrankenschwester im Neugeborenenzimmer antrat. Eigentlich aber liebäugelte ich, die ja vor Kurzem noch Adoptivmutter werden wollte, mit einer Stelle im SOS-Kinderdorf „Schwarzwald" in Sulzburg im Markgräflerland.

Just als ich Besuch von meinen Schwiegereltern hatte, kam die Einladung zum Jobinterview. Meine unausgegorenen Pläne wollte ich noch nicht an die große Glocke hängen. Unverfänglich schlug ich meinem Schwiegervater vor, einen Ausflug mit mir zu unternehmen. Wir besichtigten das Kinderdorf, ohne dass er ahnte, dass es einen Grund dafür gab. Dann entschuldigte ich mich für eine halbe Stunde und ließ ihn allein. Nach dreißig Minuten wurde er ungeduldig. Vollkommen ahnungslos platzte er mitten in mein Jobinterview, und fragte, ob wir jetzt endlich heimfahren könnten.

SOS-KINDERDORF

Die Stelle bekam ich trotzdem und kündigte in Rheinfelden. Alle Kandidaten für die verantwortungsvolle Position einer Kinderdorfmutter wurden zunächst einmal zwölf Monate als Familienhelferin eingestellt. Zeit genug, um ein realistisches Bild von der Aufgabe zu erhalten und am Ende fundiert entscheiden zu können, ob man sich wirklich so lange binden wollte. Kinderdorfmütter und -väter leben wie echte Eltern zusammen mit den anvertrauten Kindern und gestalten das Familienleben nach eigenen Vorstellungen: Gemeinsam Mittag essen, bei den Hausaufgaben helfen, spielen, musizieren, basteln und Gute-

Nacht-Geschichten vorlesen. Als Familienhelferin wurde man rumgereicht. Insgesamt sechs Familien im Kinderdorf lernte ich so kennen. Jedes Haus war anders, jede Mutter war anders.

Ich lebte mich rasch ein und freundete mich mit den Kolleginnen an. Das Jahr verging wie im Flug. Aber ich hatte in dieser Zeit gemerkt, dass es für mich noch zu kurz nach dem Tod meines Mannes war. Ich brauchte Freunde und fühlte mich nicht gefestigt genug, als dass ich mich für eine solch lange Zeit an einen solchen Ort hätte binden wollen.

Erneute Reisen

Auch als mein liebster Reisepartner nicht mehr zur Verfügung stand, zog es mich immer wieder in die weite Welt. 1976 konnte ich meine SOS-Kollegin Angelika überreden, mit mir nach Australien zu reisen. Ich hatte Sehnsucht nach dem Land, in dem Horst und ich so glücklich gewesen waren. Wir beschlossen, uns wirklich Zeit zu lassen und buchten eine Schiffspassage rund um den halben Globus.

In Schweinfurt bestiegen wir einen Zug über Stuttgart nach Genua, wo wir uns einschifften und unsere Kabine bezogen. Aber anstatt in See zu stechen, hingen wir unversehens im Hafen fest: Zwei Tage Streik in Italien. Gelangweilt saßen wir in der Kabine und hatten nichts zu tun, als auf die Wände zu starren. Plötzlich sagte ich zu Angelika:

„Schau mal, siehst du das auch?"

„Was soll ich sehen?"

„Da krabbelt doch etwas am Lichtschalter."

Nun entdeckte sie es auch: Klein, braun, sechs flinke borstige Beinchen und lange zerbrechliche Fühler. Das konnte nur eine Kakerlake sein! Entsetzt schauten wir um uns. Und tatsächlich hatte unsere kleine Kakerlake viele kleine Freunde mitgebracht, die, sobald wir uns bewegten in Windeseile in den Ritzen der Wände verschwanden. Entrüstet meldete ich das der Reederei. Dort vertröstete man uns:

„Machen Sie sich keine Sorgen, sobald die Motoren laufen, sind sie verschwunden."

Endlich waren wir startklar und nahmen Kurs auf Neapel, nur um gleich im nächsten Hafen festzusitzen: Wieder zwei Tage Streik! Dann aber ging es los. Amalfi, Capri, Sizilien, Ägypten mit Stopp in Kairo und Besichtigung der Pyramiden, dann die Passage durch den Suezkanal, am Ausgang des Roten Meers Dschibuti und schließlich das südafrikanische Durban, das ich so gut kannte. Ich zeigte meiner Freundin das Butterworth-Hotel und all die Orte, die damals für uns so wichtig waren. Die letzte Überfahrt führte uns quer über den Indischen Ozean nach Perth in Westaustralien, wo wir es genossen, endlich wieder festen Boden unter den Füßen zu haben. Rund zehn Jahre nachdem Horst und ich unsere Zelte dort abgebrochen hatten, gab es ein herzliches Wiedersehen mit allen lieben alten Freunden

Die Rückreise, diesmal mit dem Flugzeug, führte uns ostwärts um den Globus. Erst Neuseeland, und vom Land der langen weißen Wolke, wie die Maoris ihre wunderbare Heimat nennen, weiter nach Tahiti – den leuchtendblauen Pazifik immer unter uns. Von Papete aus sollte es auf die Osterinseln weitergehen, jedoch stellte sich heraus, dass die dortige Landebahn beschädigt war und stattdessen wurde uns eine kostenfreie Unterkunft in Papete angeboten. Dort kamen Angelika und ich ins Gespräch mit einem gutaussehenden Mann. Er sprach so akzentfrei Englisch, dass ich ihn für einen US-Amerikaner hielt. Tatsächlich aber kam er aus Venezuela. Schnell entwickelte sich ein prickelnder Flirt und großzügig lud er uns nach Caracas ein. Eigentlich hatten wir einen Flug nach Nicaragua, aber spontan entschied ich:

„Wir ändern das."

VENEZUELA

Juan war Pilot, geschieden, und hatte eine große Wohnung, wo er uns einquartierte. Während er arbeitete, versuchten wir uns die Stadt anzuschauen oder auch mal ans Meer zu fahren. Diese selbstständigen Aktivitäten schienen Gastgeber Juan gar nicht zu gefallen, und zu meiner Verblüffung benahm er sich wie ein eifersüchtiger Latin Lover.

Als Angelika und ich nach Maracaibo reisen wollten, wo es auch ein SOS-Projekt gab, versprach er trotzdem, uns zum Flughafen zu bringen. Wer jedoch nicht auftauchte, war unser Freund. Als er endlich in aller Ruhe eintraf, warf ich ihm wütend an den Kopf:

„Was stellst du dir vor, das Flugzeug ist jetzt weg!"

„Entspannt euch. Alles wird gut, ihr kennt Südamerika nicht!", bemerkte er unbeeindruckt von meinem Gezeter. Tatsächlich war der Flieger, als wir zum Check-in hasteten, noch nicht einmal angekommen.

Aus Juan und mir sollte kein Dream-Team werden. Ich hatte große Mühe mit seiner Unzuverlässigkeit und seiner südamerikanischen Macho-Mentalität und spürte: Das wird nicht lange gutgehen. Nach einer Weile verabschiedeten wir uns freundschaftlich und Angelika und ich reisten weiter. Aber ich bereue nichts.

Sesshaftwerden

Nach dem Jahr im Kinderdorf und der Rückkehr aus Australien wusste ich nicht so richtig, wohin mit mir. Ich besuchte Angelika, die mittlerweile als MTA in Hamburg arbeitete und meinte, hier könnte ich mir auch sehr gut vorstellen zu leben. Im Hamburger Abendblatt fand meine Freundin eine Stellenanzeige, die sie mir weiterreichte: *Kinderfrau mit guten Englischkenntnissen gesucht.* Beim Vorstellungsgespräch stellte sich heraus, dass ein Chefarzt mit Gattin Betreuung für ihre kleine Tochter suchten. Die Familie hatte ein großes Gut in Virginia, wo sie viel Zeit verbrachten, daher war es ihnen ein Anliegen, dass ihr Töchterchen schon früh gut Englisch sprechen lernte. Die Eltern pflegten einen sehr gehobenen Lebensstil, gingen fast jeden Abend aus und fuhren häufig elegant in Urlaub. Für ihre Suche nach einem lohnenden Urlaubsziel empfahl ich ihnen Schloss Weitenburg, wo ich rund fünfzehn Jahre zuvor angestellt war und mit Herrn und Frau Baronin immer noch in freundlichem Kontakt stand. Währenddessen war ich in Hamburg alleine für das kleine Mädchen zuständig. Weisungsgemäß sprach ich immer nur Englisch mit der Kleinen. Als wir eine Freundin für sie eingeladen hatten, hörte ich, wie sie dieser, auf mich deutend, zuraunte:

„Deutsch kann sie nicht so gut!"

Der Winter 1978/1979 sollte als Jahrhundertwinter in die Bücher eingehen. Zum Jahreswechsel versank der Norden Deutschlands im Schnee – durch Verwehungen teils mehrere Meter hoch aufgetürmt. Zahllose Straßen waren nicht mehr passierbar und es kam zu Stromausfällen, weil die Masten unter der Last des Schnees zusammenbrachen. Um die Straßen und Gehwege wieder freizubekommen, rief der damalige Bürgermeister Hans-Ulrich Klose alle Hamburger auf, sich am Schneeschippen zu beteiligen. Rathaus und Bezirksämter stellten Schippen, Besen und Schneeschieber bereit, allein 300 Schieber türmten sich in der Rathausdiele.

Als ich von einem freien Wochenende zurückkam, wurde mir ausgerichtet, es habe jemand, der mich aus Australien kennt, angerufen und wollte mich sprechen. Er logiere im Hotel Atlantik. Wer konnte das sein? Ich Landei fragte naiv:

„Oh, hoffentlich ist das wenigstens eine gute Bleibe?"

Später sollte ich durch Einladung meines Arbeitgebers sogar in den Genuss eines Abendessens in der berühmten Hamburger Nobelherberge kommen. Das war so eindrucksvoll für mich, dass ich heute noch weiß, was ich bestellte: die erste Hechtklößchensuppe meines Lebens.

HAUSBESITZERIN

Mit Angelika war ich weiterhin in Kontakt. An den Wochenenden unternahmen wir gemeinsam Wanderungen oder kleine Fahrten. Einer dieser Ausflüge führte uns in die Musterhausausstellung nach Buchholz-Nordheide.

Bei einem hübschen einfachen Haus mit einer klassischen Giebelform, wie auf einer Kinderzeichnung, rief ich aus:

„Schau mal, Angelika, genau so ein Haus werde ich mir einmal bauen!"

Der aufmerksame Verkäufer hatte unser Gespräch mitangehört und witterte einen Geschäftsabschluss. Sofort war der höfliche junge Mann zur Stelle, verwickelte mich in eine Konversation und riet mir:

„Fahren Sie einfach mal bei Gelegenheit nach Sittensen, dort haben wir solch ein Haus."

Spontan setzten wir uns in Angelikas Auto und fuhren die zwei Autobahnausfahrten weiter in Richtung Bremen. Sittensen gefiel mir schon beim ersten Durchfahren. Schnell fanden wir das beschriebene Musterhaus. Dort fragten wir:

„Und das steht jetzt zum Verkauf?"

„Nein, das bleibt ein Musterhaus. Aber ich kann Ihnen ein Grundstück ganz in der Nähe zeigen, dort können Sie dieses Haus direkt bauen."

„Nun, langsam, langsam, so ein paar Änderungen bräuchte ich schon: Diesen offenen Kamin möchte ich nicht, das macht mir zu viel Staub. Und ich bitte Sie, wozu brauche ich zwei Waschbecken im Bad? Die Kellertüren können Sie übrigens auch rausnehmen …"

Halb im Scherz, denn wir waren ja nur zum Schauen gekommen, nannte ich ihm einen Preis, der erheblich unter dem ausgeschriebenen lag, und wir verabschiedeten uns lachend.

„Überlegen Sie es sich!"

Eine Woche später hatte ich das Angebot zu meinen Bedingungen im Briefkasten. Ich unterschrieb. Jetzt würde ich also Hausbesitzerin werden. Selbstverständlich ging das nicht aus der Portokasse. Mein Vater half etwas aus, ich nahm einen Kredit auf, aber es gelang. Sobald sich der

Winter verzogen hatte und die ersten Strahlen der Frühjahrssonne das Erdreich erwärmten, ging es auch schon mit dem Bau los. Immer wieder fuhr ich von Hamburg raus, um den Fortgang der Arbeiten in Augenschein zu nehmen. Erst wurde der Keller ausgehoben und betoniert. Dann kam die Bodenplatte. Und dann, wie von Zauberhand, standen innerhalb von nur wenigen Tagen die vorgefertigten Wände mit Öffnungen für Haustüre und Fenster und das Dach konnte aufgesetzt werden. Auch der Innenausbau ging schnell und ich konnte am 1. Juli 1978 in mein eigenes Heim einziehen.

Ich arbeitete weiterhin bei der Arztfamilie in Hamburg und pendelte aus Sittensen – bis der Winter kam, und ich das Auto für drei Monate vor meinem Haus stehen lassen musste, weil es sich vor Schnee und Eis buchstäblich nicht mehr bewegen ließ. Im Frühjahr mussten mir Nachbarn helfen, das Auto wieder flottzumachen, die Batterie war tot, die Reifen hatten ihre Luft verloren und nicht einmal die Fahrt zur Werkstatt gelang mehr. Als es zum nächsten Mal Herbst wurde, entschloss ich mich, meine Stelle in Hamburg zu kündigen.

„So einen Winter möchte ich nicht nochmal erleben", erklärte ich meinem Chef.

FAMILIENHELFERIN BEI DER DIAKONIE-SOZIALSTATION

Ich hatte aber schon eine neue Idee. Ich stellte mich bei der Samtgemeinde Sittensen vor und ich ging zum Rathaus:

„Ich bin neu hier, arbeite momentan noch in Hamburg, aber meine Idee ist es, hier einen Notmütterdienst für die Region aufzuziehen."

Solch eine wertvolle Einrichtung gab es bereits in Hessen. Der Dienst sprang mit Kinderbetreuung und Haushaltshilfe vor Ort ein, wenn die Mutter wegen Krankheit, Kur oder anderer Probleme für eine Weile ausfiel.

Man antwortete mir, dass die Gemeinde Sittensen eben eine Sozialstation aufbauen wollte, für die noch dringend eine Familienhelferin gesucht wurde. Nun, das bedeutete ja im Endeffekt genau die Tätigkeit, die ich mit meiner Mütternothilfe aufbauen wollte – warum also nicht? Gleich am folgenden Wochenende bekam ich Besuch vom Herrn Pfarrer, der zugleich Geschäftsführer der Diakoniestation war – und nach wenigen freundlichen Worten war ich zum 1. November 1979 eingestellt.

Ich war für fünf Kirchengemeinden zuständig: Gyhum, Elsdorf, Heeslingen, Sittensen und Zeven. Meine Aufgabe war es nun, direkt in die Familien zu gehen und mitanzupacken, wenn dort Not am Mann war. Ideal für mich, lernte ich so doch innerhalb kürzester Zeit viele Menschen an meinem neuen Wohnort kennen und war bald im ganzen Ort vernetzt.

Da war beispielsweise 1983 das halbe Jahr mit Anne, um die ich mich kümmerte, während ihre Mutter während einer Schwangerschaft erst daheim, dann im Krankenhaus liegen musste. Anne war ein zartes, liebes dreijähriges Mädchen, ihre Schwester Beate stand schon vor dem Abitur. Ich kochte gerne und Putzen musste ich nicht, dafür kam eine liebe Zugehfrau, die auch das Waschen und Bügeln übernahm. Nur das Bettenmachen wurde mir zum Verhängnis: Beim Lüften hatte ich den Schlafanzug des Vaters, ohne es zu merken über die Lampe gehängt, wo er

Feuer fing und für große Aufregung sorgte. Glücklicherweise konnte der Brand erstickt werden, bevor er sich ausbreitete.

Parallel gab es einen Notfall in einer anderen Familie, ein kleines Baby brauchte Betreuung. Kurzerhand wurde beschlossen:

„Frau Büschgen, machen Sie das, das ist doch wunderbar, dann lernt Anne gleich, wie es ist mit einem Babygeschwisterchen."

Kaum war das Baby da, entwickelte die zarte Anne einen Riesenappetit und nahm tüchtig zu. Alles aus Eifersucht.

Nach Beendigung ihrer Kur kam die Mutter des Babys und holte ihr Kind ab. Kein Dankeschön dafür, dass Annes Familie und ich alles für das Baby getan hatten. Vielmehr schien sie Dank dafür zu erwarten, dass wir ihr Kind haben durften.

Die Familie von Anne hingegen wollte mich kaum gehen lassen, dankte mir überschwänglich und machte mir eine Mikrowelle zum Geschenk.

An Ostern hatte ich viel Besuch. Plötzlich klingelte es an der Haustüre. Davor stand die kleine Anne mit ihrer Familie.

„Anne jammert immer: ‚Ich will zu meiner Frau Büschgen!'"

Ich war skeptisch und sagte:

„Anne, ich schlage dir vor, schlafe nochmal drüber und wenn du es morgen noch willst, dann komm wieder!"

Am nächsten Morgen stand sie wieder da.

„Ich habe es mir nicht anders überlegt!"

Also blieb Anne bei mir und meinem Besuch. Eng an mich gekuschelt schlief sie in meinem Bett und gab mir ihren Schnupfen weiter. Am nächsten Tag war ein Ausflug in die Heide geplant. Anne wünschte sich noch neue Schuhe, also gingen wir vorher zum Schuhekaufen. Im Geschäft piepste sie:

„Ich will rote Schuhe"!

Die bekam sie und ließ sie gleich an. Den Buggy, den wir für sie mit in die Heide genommen hatten, hätten wir auch zu Hause lassen können: Stolz jedem ihre roten Schuhe zeigend, spazierte die Kleine mühelos zum Wilseder Berg hinauf.

Als ihre große Schwester kam und sie abholen wollte, versteckte sie sich. Zu sehr genoss sie es, einmal wieder, ohne ihre Babyschwester im Mittelpunkt der Aufmerksamkeit zu stehen.

Angestellt war ich bei der Gemeinde, aber die Finanzierung lief über die Krankenkasse. 1991 wurde in Deutschland die Pflegeversicherung ins Leben gerufen. Jetzt hieß es seitens meiner Arbeitgeberin: Die Familienhilfe allein bringt nicht genügend Geld, ab jetzt gehört auch die hausliche Krankenpflege zu den Dienstleistungen. Frau Büschgen, das können Sie doch auch übernehmen? Plötzlich war ich auch noch Krankenpflegerin.

NICHTE CORNELIA

1966 war meine Nichte Cornelia zur Welt gekommen. Sie war ein sehr besonderes und sensibles Kind, auffällig anders als ihre pflegeleichten größeren Zwillingsgeschwister.

Als sie dreizehn Jahre alt war, nahm ich sie für eine Weile bei mir auf, denn zu Hause gab es Schwierigkeiten. Auch ich fand es nicht ganz leicht, mit der heftig Pubertierenden zurecht zu kommen und wir hatten manchen Disput auszufechten. In Sittensen fand sie schnell Anschluss an die Dorfjugend. Sie tönte laut, dass sie mit ihren neuen Freunden abends in die Disko gehen wollte. Ich fühlte mich in der Aufsichtspflicht und sprach dort vor:

„Das Mädchen ist erst dreizehn Jahre alt, lassen Sie die bloß nicht rein."

Stattdessen gab es dann eine riesige Fete in meinem Haus, wo gefühlt die Schuhe aller Jugendlichen der ganzen Stadt unten in meinem Hausflur standen. Obwohl auch ich feste Regeln einforderte, fühlte Cornelia sich wohl und wollte nach den Ferien nur ungerne zurück nach Hause.

Vier Jahre später erschütterte eine schreckliche Nachricht die ganze Familie: Cornelia hatte ihrem jungen Leben ein Ende gesetzt. Bis heute hat meine Schwester nicht über den Tod ihres Kindes mit mir gesprochen. Wir kamen bei einem Spaziergang einmal an den Schienen vorbei, und alles, was sie bemerkte war:

„Hier ist es passiert."

Einem Tagebuch, das mir meine Mutter nach Cornelias Tod zu lesen gegeben hatte, konnte ich einige Hintergründe entnehmen: Sie hatte es nicht leicht in ihrer Familie und ihr ganzer Halt war ihr amerikanischer Freund, in den sie unsterblich verliebt war. Dann kam die Nachricht, dass er zurück nach Amerika versetzt werden sollte. Es war nicht daran zu denken gewesen, dass Cornelia mit ihm hätte gehen können. Das hat sie in derartige Verzweiflung gestürzt, dass sie keinen anderen Ausweg sah.

MUTTER IM ALTER

Seit dem Tod meines Vaters, der 1989 im Alter von dreiundachtzig Jahren gestorben ist, hatte meine Mutter alleine gelebt. Als sie dann über neunzig Jahre alt wurde, merkten wir, dass es ohne Betreuung nicht mehr ging. Ich bot ihr an:

„Du kannst jederzeit nach Sittensen kommen, ich habe eine Altenwohnung reserviert und kümmere mich dann um dich. Oder du entscheidest dich, zu Hannelore zu gehen und in ihrer Familie zu leben. Oder du gehst ins Altersheim."

„Altersheim? Lieber sterbe ich!"

Schließlich entschied sie sich, zu meiner Schwester zu gehen, dort waren ja auch die Enkelkinder. Wenn die Familie in Urlaub fuhr, kam Mutter zur Kurzzeitpflege ins Heim. Später schafften meine Schwester und ihre Tochter Monika die Betreuung zu Hause nicht mehr und organisierten einen dauerhaften Heimplatz. Als ich zu Besuch kam, flüsterte man mir zu:

„Sag ihr bitte nichts."

„Was soll ich denn nicht sagen?"

„Mama denkt, sie sei wieder nur vorübergehend im Heim."

Bald jedoch blühte meine Mutter unerwartet auf. Mit über neunzig Jahren hatte sie einen Freund im Heim gefunden. Die beiden waren ein Herz und eine Seele – und sie hatten Freude daran, Gedichte zu schreiben. Folgendes

Werk meiner neunzigjährigen Mutter konnte man sogar in der Zevener Zeitung veröffentlicht sehen:

Wasser

Ohne Wasser geht es nie,

weder bei Menschen noch beim Vieh.

Das Wasser ist nicht nur zum Baden,

es kann auch manches Mal viel Schaden.

Zum Trinken ist das Wasser gut,

wenn man den Durst damit löschen tut.

Das Wasser kann sehr wichtig sein,

es wird gebraucht von Groß und Klein.

Alles wäre öd und leer,

gäbe es kein Wasser mehr.

Benötigt wird Wasser schon früh bald,

manchmal warm und manchmal kalt.

Es braucht das Wasser die Natur,

die Menschen und die ganze Flur.

Manchmal ist ein warmer Regen,

für die Natur ein großer Segen.

Was ist das für eine Freud',

wenn es regnet zur rechten Zeit.

Aber das ist kein Genuss,

wenn überläuft der See und Fluss.

Hochwasser wird alljährlich

so manches Mal gefährlich.

Ich denke da an unsern Main,

der reißt oft ganze Häuser ein,

die sind natürlich nur ganz klein.

Es sind nur Gartenhäuschen

und so manches Mäuschen

ersäuft und wird vom Wasser

ganz nass und immer nasser.

Am Ufer stehen Menschen all'

und sehen diesen Wasserfall.

Und wenn dieser geht zurück,

atmen alle auf vor Glück.

Und nach einer Pause

gehen sie nach Hause.

Denn es ist für dieses Jahr

gebannt die Hochwassergefahr.

Von Lina Spiegel, geboren 18. Mai 1905

Im Altersheim sah man Liebesgeschichten unter Bewoh-
nern nicht sehr gerne. Man verlegte ihren Freund in ein
weit abgelegenes Zimmer. Trotzdem hatten die beiden

eine richtig körperliche Beziehung, und wer weiß, vielleicht hat ihr dieser späte Mann in Punkto Zärtlichkeit und Nähe mehr gegeben als mein Vater es jemals vermocht hatte.

Den beiden war jedoch kein langes Glück beschieden: Meine Schwester befand, dass ihr die wöchentliche Fahrt zum Altersheim zu anstrengend wurde, und sie bestimmte, dass Mutter in ein Heim in der Nähe ihrer Arbeit umziehen sollte.

Erst 2004, mit neunundneunzig Jahren, starb unsere Mutter.

BOLIVIEN

Meine Tätigkeit in der Sozialstation gefiel mir, aber trotzdem freute ich mich immer auf den Jahresurlaub, wo ich jedes Jahr neue Reiseideen entwickelte. In Bolivien hatte ich Bekannte aus meiner SOS-Kinderdorf-Zeit. Schon lange bestand eine herzliche Einladung, das Land und ihr Sozialprojekt kennenzulernen, und 1983 verabredete ich endlich einen Besuch.

Morgens früh um fünf Uhr landete die Lufthansa-Maschine in La Paz, doch von meinen Gastgebern war keine Spur zu sehen und ich hatte – das Zeitalter der Mobiltelefonie war noch nicht angebrochen – keine Ahnung, wohin ich mich wenden sollte. Glücklicherweise stellte es sich heraus, dass eine der Stewardessen meines Fluges ihre Kinder auf der dortigen Deutschen Schule hatte. Die Namen meiner Gastgeber waren ihr gut bekannt und sie konnte mir sagen, wo ich ihr Haus finden würde. Einer jener kleinen sogenannten Zufälle, die mir so oft im richtigen Moment weiterhalfen.

Mit einer Höhenlage von um die 4000 Meter ist La Paz die weltweit höchstgelegene Hauptstadt eines Landes. Wie alle frisch Angereisten hatte ich etwas Mühe, mich an die Höhe zu gewöhnen und laborierte mit asthmaähnlichen Symptomen, bis mein Körper verstanden hatte, dass er sich einfach umstellen musste. Ich verbrachte eine wunderbare Zeit im SOS-Kinderdorf und bald verband mich dort eine herzliche Freundschaft mit einer jungen Mitarbeiterin aus Bamberg.

„Die schicken wir mit dir auf Reisen", war die Idee der Hauseltern. Damit hatte ich die denkbar netteste Begleitung, um das Land zu erkunden.

Wir sahen uns ein weiteres SOS-Kinderdorf in Cochabamba an und wir reisten nach den Süden in die Bergbaustadt Potosi am Fuß des Berges Cerro Rico (dt. Reicher Berg), dessen Silberreichtum Potosí im frühen 17. Jahrhundert zu einer der größten Städte der Welt machte und von dessen Silber- und Zinnvorkommen die Stadt noch heute abhängig ist.

WORLD VISION SIMBABWE

Ich war schon seit sehr langer Zeit förderndes Mitglied bei dem Kinderhilfswerk World Vision. Als Pate kann man mit monatlichen Beiträgen dabei helfen, die Lebensbedingungen eines Patenkindes, der Familie und der Region langfristig und nachhaltig zu verbessern. Denn alle Bewohner eines World Vision Projektgebietes profitieren davon, wenn sich die Infrastruktur verbessert, etwa durch den Bau neuer Brunnen, Schulen oder Gesundheitsstationen.

Eines meiner vielen Patenkinder war Joshua aus Simbabwe. Ich kannte ihn schon seit vielen Jahren über unsere Korrespondenz und wusste, dass er das Kind der zweiten Ehefrau seines Vaters war. Das Zivilrecht des Landes verbat zwar die ehemals übliche Polygamie in staatlich eingetragenen Ehen, während das Gewohnheitsrecht in vielen Ländern Afrikas polygame Ehen weiterhin anerkannte.

Ich kontaktierte World Vision mit dem Anliegen, meinen Patensohn, den ich aus der Ferne so lange begleitet hatte, zu besuchen. Die Organisation übernahm die Betreuung der Reise, besorgte mir einen einheimischen Begleiter und quartierte mich in einem angenehmen Hotel in Harare ein, von wo aus ich das Entwicklungshilfeprojekt besuchte. Meine erste Begegnung mit dem Jungen schilderte ich damals folgendermaßen:

> *Der Lehrer rief nach Joshua. Ein extrem scheuer Junge kam auf unsere Gruppe in langen dürren Beinen zu und blickte verlegen von einem zum anderen. Weil er auf Englisch wenig reagierte, unterhielt sich der Lehrer mit ihm auf Eingeborenensprache. Ich hielt mich sehr zurück, da ich dem Kind sehr nachfühlen konnte, wie es wohl um seine Gefühle bestellt sein musste. Ich erwartete jeden Moment das Joshua in Tränen ausbrechen musste, denn er musste sich wohl sehr einsam vorkommen unter uns Erwachsenen.*   *(WB 1988)*

Nach und nach taute der Junge jedoch auf. Bei einem Besuch in seinem abgelegenen Heimatdorf hatte ich einen prall mit Kleidern gefüllten Koffer dabei, die für große

Freude sorgten. Zudem Seifen und Süßigkeiten – eine große Kostbarkeit für meine Gastgeber.

Wo ich nun schon einmal in diesem Land war, wollte ich es mir auch gründlich anschauen. Mit dem Bus fuhr ich von Stadt zu Stadt – in diesem Verkehrsmittel oft weit und breit die einzige allein reisende Europäerin. Aber ich erlebte auch aufregende Flüge in zweimotorigen kleinen Maschinen und echte Safari-Abenteuer in der grandiosen Natur.

Ein kleiner Ausschnitt aus meinem Reisetagebuch mag stellvertretend für unzählige faszinierende Naturerlebnisse stehen:

Safaris zu Fuß sind ein besonderes Erlebnis, auch wenn man sich wie ich Arme und Beine verkratzt. In nächster Nähe zog Mutter Nashorn und Baby hinterdrein vorbei. Einen Steinwurf weit entfernt von uns erblickten wir später den scheinbar dazugehörenden Vater. Ein Büffel begab sich in unmittelbarer Nähe zu einem Wasserloch. Schweigend kämpften wir uns einen Weg durch den Urwald. Als wir allerdings über einen Baumstamm balancieren sollten, gab ich auf. Ich weiß, wo meine Grenzen sind und ich bin nicht schwindelfrei. Drei Angehörige unserer Gruppe balancierten über den Baumstamm, der Vierte fiel kopfüber hinunter und es dauerte eine Weile, bis er wieder zu uns stieß.

Als wir das Boot bestiegen hatten wurden wir durch ein Geräusch in der Nähe aufgeschreckt. Hätte ich auf einem Hocker gesessen, wäre ich sicher vor Schreck heruntergefallen: Ein Elefant und ein Büffel badeten gemeinsam etwa zehn Meter entfernt vom Boot. Der Büffel stieg aus

dem Wasser und lief davon, als er uns bemerkte. Der Ele-
fant blieb und zog genüsslich mit dem Rüssel die Wasser-
pflanzen heraus und ließ sich über den Rücken fallen. Wir
ruderten immer näher an das große Tier heran und ich
knipste drauf los. Als wenn er wüsste, was los war, stellte
er sich in Positur, blähte seine großen Ohren auf und
schnaubte drauf los. Jedes Mal, wenn er den Rüssel hob,
voll mit Wasser, war ich gefasst darauf, dass er uns nass-
spritzen würde. (WB 1988)

BANGLADESCH

Nachdem ich Joshua in Simbabwe besucht hatte, hatte ich
meinem Patenkind Mdhu Mina in Bangladesch ebenfalls
einen Besuch versprochen. Zu Hause versuchten alle, mir
eine Reise in dieses bitterarme Land auszureden. Auch bei
World Vision hatte man Bedenken. Aber versprochen ist
versprochen.

Das Projekt, zu dem Minas Schule gehörte, lag rund
zweihundert Kilometer südlich der Hauptstadt Dhaka
mitten im Mündungsdelta des Ganges und des Brahma-
putra. Eine Anreise war nur per Boot möglich.

Man bereitete mir einen Empfang wie einem Staatsbe-
such: Dreihundert Schüler standen in Reih und Glied und
der Direktor hieß mich willkommen.

Dann kam der große Augenblick: Mina wurde mir vorge-
stellt Jedes Jahr hatte ich ein neues Foto von ihr bekom-
men und jedes Jahr merkte ich, wie aus dem kleinen Mäd-
chen langsam ein Teenager wurde. Nun begrüßte mich
ein bildschönes strahlendes Mädchen wir waren sofort ein
Herz und eine Seele. Was uns nur durch übersetzte Briefe

verband, hier wurde es Wirklichkeit. Das habe ich noch
sehr selten erlebt – ohne viele Worte verstanden wir uns
auf Anhieb. Mina setzte sich zu mir, aber so nah wie
möglich, sie wollte mich fühlen. Ich holte meine extra für
diesen Besuch gekaufte Polaroidkamera aus der Tasche.
Anthony machte das erste Bild. Natürlich war das Stau-
nen groß, als sich langsam aus dem Nebel klare Konturen
ergaben und schließlich auf dem bunten Bild Mina und
ich zum Vorschein kamen. Zig Kinder in ihren blauen
Schuluniformen und auch Erwachsene drängten sich um
uns und die Kamera und wollten fotografiert werden.
(WB 1989)

Der nun folgende Besuch in Minas Elternhaus, wo noch nie
ein Europäer zu Gast war, forderte uns alle heraus. Bei der
Ankunft versuchte der Vater, mir als traditionelle
Willkommensgeste den Staub von den Schuhen zu
wischen. Den Rest der Zeit hielten sich die Eltern schüchtern lächelnd im HIntergrund und entschuldigten sich
verschämt, dass sie nichts anzubieten hätten, sie seien zu
arm.

Dabei könnte Bangladesch mit seinen saftig grünen Reis-
und Zuckerrohrfeldern, wo das Klima drei Ernten im Jahr
erlaubt, ein Paradies sein. Die Landschaft ist geprägt von
dem überwiegend flachen Tiefland, ausgedehnten Sumpf-
gebieten sowie der Lage am Meer. Das sorgt immer öfter
für zerstörerische Überflutungen. Das größte Problem des
Landes ist jedoch die Überpopulation. In keinem Staat der
Erde teilen sich mehr Menschen einen Quadratkilometer
und wegen eines mangelhaften Zugangs zu Verhütungs-

mitteln bekommen Frauen hier immer noch viel mehr Kinder, als sie sich eigentlich wünschen. Mein Führer von World Vision charakterisierte die Ziele des Landes folgendermaßen:

„Wir streben keinen Reichtum an wie in der westlichen Welt. Wir möchten nur, dass alle Menschen hier ein Dach über dem Kopf haben und genug zu Essen." Davon ist das Land, auch wenn es mittlerweile zu den aufstrebenden *Next-Eleven* gehört, auch heute noch weit entfernt.

ECUADOR

1991 schließlich besuchte ich mein drittes Patenkind in Ecuador. Natürlich nutzte ich auch diesmal die Gelegenheit, mir das ganze Land anzuschauen. Höhepunkt war eine Dschungeltour in das Cuyabeno Reservat, eines der größten Naturwunder der Erde. Trotz des vergleichsweise geringen Anteils von zwei Prozent der Gesamtfläche des südamerikanischen Regenwaldes beherbergt Ecuador ein Drittel der gesamten Tier- und Pflanzenarten des gesamten Amazonasgebiets.

Ein toller Kontrast war die Zugfahrt durch die Anden. Dort, entlang sehr steiler, baumloser nur mit grünem Gras bewachsener Hügel, verläuft die sogenannte „Devil's Nose"-Strecke, die steilste Bahnstrecke der Welt. Die Reisenden können auf dem Dach sitzen und jede der spektakulären Spitzkehren hautnah miterleben. Verbunden war diese Tour mit einer erinnerungswürdigen Übernachtung. So tropisch die Temperaturen auch tagsüber sein mochten, nachts wurde es, unterstützt natürlich noch durch die Höhe, beißend kalt. Selten habe ich mich so auf den nächsten Morgen gefreut.

Wo ich schon einmal in der Gegend war, flog ich noch weiter zu den Galapagos-Inseln. Fast der gesamte Archipel ist als Nationalpark deklariert, diese Gebiete darf man nur mit einem Ranger betreten. Da der Mensch hier nie als Feind und Bedrohung in Erscheinung trat, agieren die Tiere vollkommen furchtlos und ich konnte all diesen für mich exotischen Kreaturen richtig nahekommen, ohne dass ihr Fluchtinstinkt einsetzte. Plötzlich sitzt etwa eine urweltliche Echse mit stachelbewehrtem Rückgrat und aufmerksamen Augen auf einem Geländer. Eine Seelöwenkolonie am Strand lässt sich von Spaziergängern überhaupt nicht aus der Ruhe bringen, obwohl ihre Jungen erst wenige Wochen alt sind, und auch die süßen kleinen Pinguine schenken uns Menschen keine Beachtung. Direkt am Weg nisten Albatrosse und wir können beobachten, wie die Eltern ihr struppiges Junges füttern. Unterwegs muss unser Wagen bremsen, weil zwei riesige Schildkröten die Lehmpiste in aller Ruhe überqueren. Und am Hafen hat es sich eine Robbe tatsächlich auf einer der Wartebänke auf dem Pier gemütlich gemacht!

PROJEKT MALLORCA

Immer wenn ich von einer Reise zurückkam, freute ich mich auf mein gemütliches Zuhause. Und ich liebte meinen Beruf. Der persönliche Kontakt mit den Menschen und das Gefühl, ganz konkret nützlich sein zu können, gab mir, der Alleinstehenden, dieses Gefühl von Zugehörigkeit und Aufgabe. Dennoch stand für mich schon lange fest: Wenn ich sechzig bin, ist Schluss. Dann möchte ich meine anderen Leidenschaften endlich wieder zum Zuge kommen lassen. Allen voran das Reisen und das Leben in anderen Ländern. Mein Haus wollte ich verkaufen, das würde ich mit Sicherheit nicht mehr benötigen. In den Jahren zuvor hatte ich etwas Erspartes in eine kleine Wohnung in Zeven investiert. Mein langfristiger Plan jedoch war es, im Alter nach Mallorca auszuwandern.

Warum ausgerechnet Mallorca, das ich noch nicht einmal kannte? Meine Bank hatte ein Projekt ins Leben gerufen, das zunächst eine meiner betagten Patientinnen interessierte: die erste Seniorenresidenz auf Mallorca. Als sie mir davon erzählte versuchte ich, sie vorsichtig auf den Boden der Tatsachen zurückzubringen:

„Sie sind Sittensen-Bürgerin durch und durch und haben Ihr ganzes Leben hier verbracht. Jeder kennt Sie, und Sie kennen jeden. Was wollen Sie denn jetzt im hohen Alter ganz alleine auf Mallorca? Waren Sie überhaupt schon einmal dort? Können Sie Spanisch?"

Die Dame stimmte mir zu und bat mich, die Prospekte fürs Altpapier mitzunehmen. Jetzt aber war ich diejenige, die

darin blätterte. Und fast ohne mein Zutun nahm ein Plan Gestalt an. Ich, noch voll im Berufsleben stehend, bezahlte 10.000 D-Mark als Anzahlung für einen privilegierten Platz im Alter.

Als der nächste Urlaub anstand, überredete ich die Cousine meines verstorbenen Mannes mit mir nach Malle zu fahren. Unser Projekt hieß: Probeschlafen in der Seniorenresidenz. Das Experiment erwies sich als voller Erfolg. Das Anwesen war noch nicht fertiggestellt, erst wenige Apartments waren bezugsreif. Aber schon jetzt sah man, wie herrlich es lag, sanft an den Hang gelehnt mit Blick aufs azurblau schimmernde Meer. Die Zufahrt führte durch einen kleinen Hain aus Mandelbäumen. Überall blühten Oleander in Rot, Weiß und Pink, und ein lauer Wind trug die Gerüche von Pinien und Meer auf die Aussichtsterrasse. Ich wäre direkt dort eingezogen. Warum nur musste man dafür mindestens fünfundsechzig Jahre sein? Ein Gespräch mit der Geschäftsführung ergab: Nein, ich durfte auch früher einziehen.

Wieder zu Hause schrieb ich mich voller Enthusiasmus für ein Fernstudium in Spanisch ein. Zusätzlich belegte ich einen Volkshochschulkurs. Ich würde bis zu meiner Übersiedelung ins andere Land perfekt Spanisch lernen.

Etliche Jahre später, als es darum ging, den Umzug konkreter zu planen, machte ich mich in Begleitung einer befreundeten Gymnastiklehrerin aus dem örtlichen Turnverein ein zweites Mal auf, mein zukünftiges Zuhause anzuschauen. Wir kamen an. Mittlerweile war das Haus voll belegt. Überall unbekannte alte Leute. Und plötzlich wurde mir klar: Nein, das hier wird nicht mein neues Zuhause werden. Hier wäre ich fremd und alleine und ich würde die vielen Menschen, die mir in meiner Heimat so wichtig waren, vermissen. Zum Glück war es nur ein kleiner Schritt, meine 10.000 D-Mark zurückzuerhalten – und das Projekt Mallorca war so spontan beendet, wie es begonnen hatte.

Unruhestand

AUFBRUCHT MIT 60 JAHREN

Zur Jahrtausendwende endlich war mein sechzigster Geburtstag in Sicht. Meine Stelle war gekündigt und ich hatte große Reisepläne. Als erstes wollte ich noch einmal nach Australien reisen und meine lieben Freundinnen und Freunde von damals wiedersehen. Nun musste nur noch das Haus verkauft werden, aber ich war mir sicher, das sollte kein großer Aufwand sein. Tatsächlich jedoch gingen viele Monate ins Land. Es wurde Winter, Frühling, Sommer, Herbst – und nichts tat sich. Schließlich ging mir die Geduld aus und ich sagte zu unserem Pfarrer:

„Wenn das Haus bis 15. November immer noch nicht verkauft ist, dann bekommt es die Kirche als Gästehaus."

Als offenes Haus für Menschen aus aller Welt hatte ich mein Zuhause schon immer betrachtet. Manchmal waren bis zu sieben Personen gleichzeitig zu Gast und ich freute mich an der Vielfalt der Begegnungen und Gespräche. Mal hatte ich Besuch von drei schwarzen Frauen aus Afrika, ein anderes Mal, in den Tagen nach der Wende, von drei Männern aus der DDR. Ein ausländischer Pastor kam zu Gast, oder der Direktor einer Schule. Zur Expo 2000 in Hannover suchte die Gemeinde Quartier für Mitglieder der Gruppe aus Äthiopien. Ich bekam zwei junge dunkelhäutige Männer zugewiesen, mit denen mich schnell ein herzliches Verhältnis verband. Sie luden mich ein, sie bei einer Exkursion der Gruppe ans Meer zu begleiten. Natürlich konnte keiner von ihnen schwimmen, aber eine Wattwanderung wurde arrangiert. Nun waren alle damit beschäftigt sich gegenseitig zu filmen und ihre Familien zu Hause mit der Nachricht zu erfreuen:

„Wir können wie Jesus übers Wasser gehen!"

SCHWIEGERMUTTER

Nach dem Tod meines Schwiegervaters nahm ich meine Schwiegermutter für eine Weile bei mir auf. Bald bemerkte ich, dass sie ihre vielen bunten Pillen, die sie mehrmals täglich hätte nehmen sollen, in unbeobachteten Momenten einfach vor die Haustüre warf. Ich wies sie zurecht, das sei gefährlich, wenn Kinder auf die Idee kämen, dass es da Bonbons zu holen gäbe. Nach ihrem Tod fand ich die ungegessenen Pillen in ihrer Schürzentasche – eine Angewohnheit, ohne die sie sicherlich noch viel länger hätte leben können.

Als der November kam und sich immer noch kein Käufer für mein Haus gefunden hatte, machte ich einen Schenkungsvertrag mit der Kirche. Haus und Grundstück sollten in ihren Besitz übergehen, so lange es als Gästehaus genutzt würde. Sollte die Kirche sich entscheiden, das Haus zu meinen Lebzeiten zu verkaufen, würde die Hälfte des Verkaufserlöses an mich auszuzahlen sein.

Ich trennte mich von einem Großteil meiner Dinge, um in meine kleine Wohnung in Zeven zu ziehen, bevor es auf große Fahrt nach Down Under ging.

Nach meiner Rückkehr aus Australien raunte man mir schon bei der Ankunft zu:

„Frau Büschgen, ihr Haus wurde verkauft!"

„Oh wie praktisch, dann habe ich ja jetzt Geld, ohne einen Finger gekrümmt zu haben."

In Zeven fühlte ich mich schnell zu Hause und mein Leben als Rentnerin war keinen Tag lang einsam oder langweilig. Freunde kamen oft und gerne und meine Mutter war häufig für längere Zeit zu Gast.

ARIZONA

2001 erhielt ich die Nachricht, dass die in Arizona/USA lebende Tochter einer Verwandten lebensgefährlich erkrankt sei. Sie habe alle Zähne und Haare verloren, es ginge dem Ende zu und sie brauche Pflege. Ich kaufte ein Ticket mit offenem Rückflug und machte mich auf den Weg nach Phoenix. Meine Unkosten wurden bezahlt und ich hatte genügend Geld mitbekommen, um ein Auto zu mieten und alle notwendigen Einkäufe für die todkranke Patientin zu machen. Als ich bei ihr eintraf, konnte ich meinen Augen kaum trauen. Das Haus glich einer Tierhandlung: Vier große Hunde und unzählige Katzen lümmelten sich auf den Sitzmöbeln und mein Zimmer musste ich mit drei Schlangen in einem Terrarium teilen. Die junge Frau jedoch machte einen durchaus gesunden Eindruck. Weder Zähne noch Haare fehlten. Es dauerte nicht lange bis ich verstand, was hier gespielt wurde: In der Hoffnung auf großzügige Geldüberweisungen und in der Gewissheit, dass zu Hause im fernen Europa niemand der Wahrheit auf die Spur kommen würde, hatte sie die Beschreibung ihres Zustandes frei erfunden.

WOMEN WELCOME WOMEN WORLDWIDE

Zurück aus Arizona traf ich die Mutter der vorgeblichen Patientin in Stuttgart und berichtete über das Erlebte. Zugleich verabredete ich mich dort mit einer Gruppe Frauen von den Seychellen, die mit meinem Reiseclub *5W* in Deutschland unterwegs waren. Ich hatte, weil meine Mission in Arizona ja so schnell beendet war, wie sie begonnen hatte, keine weiteren Pläne und ließ mich gerne überreden, spontan mit auf die Seychellen zu fahren, ein Reiseziel, das mich schon lange interessierte.

Aus der Frauengruppe von den Seychellen freundete ich mich mit einer Bankangestellten aus Victoria an. Sie war von ihrem Chef beauftragt, die Inseln zu besuchen, um bei den Bankkunden zu kontrollieren, ob das geliehene Geld vereinbarungsgemäß verwendet wurde. Ihr Chef erlaubte ihr, mich mitzunehmen, und so kam ich per Flugzeug und Boot zu allen Inseln.

Auf Vermittlung einer Freundin war ich bereits 1998 Mitglied in der internationalen Frauenorganisation *5W – women welcome women worldwide* geworden. Ziel dieser wunderbaren Vereinigung ist es, Frauen weltweit zu stärken und zusammenzuführen. Der Gedanke dahinter ist leicht erklärt: Indem die Mitglieder die Möglichkeit haben, andere Länder zu bereisen, internationale Freundschaften mit anderen Frauen zu schließen und fremde Lebensweisen kennenzulernen, kehren sie mit einem größerem Verständnis für unterschiedliche Kulturen und einer breiteren Vision ihres eigenen Lebens in ihren Alltag zurück. Unzählige Reisen habe ich mit *5W* erlebt, neben den Seychellen war ich damit in Neuseeland, Hawaii, Italien San Francisco und den Niederlanden, und ich bin dankbar, dass ich auf diese Weise viele bleibende Freundschaften schließen durfte.

WEITERE REISEN

Uganda besuchte ich zwei Mal. Die erste Reise unternahm ich 1994 mit Robert, den Sohn meiner Cousine. Robert Jack und Gundula waren alle Kettenraucher. Das bedeutete für mich: Entweder abends allein auf meinem Zimmer sitzen oder mich einnebeln lassen.

Eindrücklicher war die zweite Reise 1997 mit Gundula und Jack, den Gründern der Entwicklungshilfeorganisation *HOPE worldwide,* und der siebzigjährigen Maria aus Greifswald –

und zwar wegen ihrer Folgen. Wieder zu Hause angekommen fühlte ich mich bald ungewöhnlich schlecht und ich bekam 41 Grad Fieber. Ich rief einen Arzt in Zeven an, der mich besuchte und mir Blut abnahm. Im Labor wurde Malaria festgestellt und meine Nachbarin brachte mich nach Hamburg ins Tropeninstitut. Dort lag ich zwei Wochen und als ich entlassen wurde, musste ich wegen der Krankschreibung zum Hausarzt. Der murmelte:

„Malaria? Malaria? Ist das denn wirklich festgestellt worden? Ich hatte schon einmal einen Patienten mit Malaria – aber der ist dann gestorben!"

Froh war ich nun, dass es nur mich und nicht die viel ältere Maria erwischt hatte.

2002 gab es ein ganz kurzes Wiedersehen mit Australien auf dem Weg nach Neuseeland, wo ich mit meinem Reiseclub *5W* sechs Wochen bei privaten Gastgebern verbrachte.

Ein Jahr später ging es mit 5W nach San Francisco, das ich ja bereits 1964 mit meiner Cousine Ingrid kennengelernt hatte.

2004, wieder mit 5W, lernte ich Hawaii kennen.

Als vergleichsweise „junge" Rentnerin hatte ich endlich viel Zeit, all diese spannenden Reiseprojekte mit der Frauenorganisation 5W zu realisieren, für die man Zeit und Abenteuergeist braucht. 2007 ging es nach Surinam. Dazu gelang es mir, meine Schweizer Freundin zu überreden, dem Verein beizutreten, damit sie mich begleiten konnte. Höhepunkt dieser Reise war ein Bankett im Präsidentenpalais. Die förmliche Einladung dazu und das Foto mit der Präsidentengattin liegen mir noch heute vor.

Seit 2001 fliege ich jedes Jahr im deutschen Winter nach Carvoairo direkt an der Südküste von Portugal. Hier genieße ich mein schönes Zimmer mit Meerblick und die

Mit der Präsidentengattin von Surinam

nette Begleitung. Über die Jahre habe ich 25 Menschen aus meinem Umkreis mitgebracht, die selbst längst zu Stammgästen geworden sind, darunter meine Schwester, alte und neuere Freundinnen und ehemalige Kolleginnen. Man kann Ausflüge buchen, ins Dorf hinunter zum Markt gehen, mit dem Bus nach Portimão fahren oder Bootsausflüge unternehmen. Die Zeit vergeht wie im Flug und wenn ich zurück nach Zeven komme, ist der Winter bereits auf dem Rückzug.

Das Unterwegssein mag ich immer noch. Kleinere Reisen führten mich regelmäßig in die Schweiz zu meiner Freundin, und seit Februar 2010 findet man mich jedes Jahr um dieselbe Zeit mit einer liebgewonnenen Gruppe Menschen aus der Rheumaliga in Ungarn. Bad Hévíz, an der westungarischen Bäderstraße unweit des Balaton gelegen, ist *die* Kur- und Bäderstadt mit der längsten Tradition für Kuren in Ungarn. Der Hévízer See, einer des größten natürlichen Thermalseen der Welt, soll geradezu legendäre Heilkräfte haben.

Schon lange fühle ich mich hier fast zu Hause, habe immer dasselbe Zimmer und kenne einen Großteil der anderen regelmäßigen Hotelgäste. Aber ich muss gestehen: Das Schwimmen im vielgerühmten See hat mich hier nie begeistert. Stattdessen erfreue ich mich am Hotel-Swimmingpool, wo ich jeden Morgen um sieben Uhr meine Runden drehe.

Lebensroutinen

SPORT

Regelmäßige Bewegung gehörte schon immer zu meinem Leben. Heute ist das Fahrrad mein liebstes Verkehrsmittel und den Aufzug zu meiner Wohnung im dritten Stock benütze ich nicht.

Seit vielen Jahren mache ich jeden Morgen um 7:20 Uhr Telegym, täglich gibt es andere Übungen, mal Pilates, Thai Chi, auch mal Meditation etc. Schon im Bett mache ich erste Yogaübungen.

Die ganze Sommersaison über fahre ich sehr früh morgens zwanzig Kilometer mit dem Fahrrad zum beheizten Swimmingpool in Sittensen, schwimme eine gewisse Strecke und bin rechtzeitig zum Frühstück wieder zu Hause.

Bis 2015 bin ich regelmäßig mit der Gemeinde gewandert. Oftmals waren es anstrengende Pilgerwege wie der Harzer Hexenstieg, der von Osterode über den 1142 Meter hohen Brocken nach Thale führt. Eine weitere Wanderreise führte nach Spanien zum Jakobsweg.

EHRENAMT

Mein ganzes Leben lang war es mir ein großes Anliegen, mich sozial zu engagieren, auch wenn das Corona-Jahr 2020 einen plötzlichen und dramatischen Einschnitt in viele dieser mir so wichtigen und liebgewonnenen Tätigkeiten bedeutete.

Eine kurze Übersicht meiner vergangenen und heutigen Aktivitäten:

- Bis 2000: Gemeindemagazin austragen in Sittensen
- Bis ca. 2015 Kirchensitzerin in der schönen Zevener Sankt-Viti-Kirche, wo ich mit einer Kollegin für Fragen der Touristen zur Verfügung stand

- Gratulationskomitee der Kirche: Geburtstags-gratulationen für die über 75-Jährigen

- Seniorenchor. Mit Freude und Begeisterung singe ich im Chor. Meistens kommt Händel zur Aufführung. Leider ist auch diese Aktivität der Corona-Krise zum Opfer gefallen.

- 2019: Konfirmandenunterricht für die Kleinen

- Sozial-Franchise *wellcome*: Hier habe ich junge Mütter oder Familien nach der Geburt eines Kindes unterstützt. Die Begleitung durch *wellcome* findet zeitlich begrenzt für einige Monate etwa ein- bis zweimal pro Woche für jeweils zwei bis drei Stunden im ersten Lebensjahr des Kindes statt. Wir sind eine sehr nette Gruppe von ca. acht Ehrenamtlichen, die sich auch in der Freizeit gerne treffen und jedes Jahr eine Reise unternehmen.

- Flüchtlingsarbeit: In den letzten Jahren habe ich mich für Flüchtlingsfamilien engagiert, begleitete die Frauen zum Arzt und ging mit den Kindern spazieren, um den Müttern etwas Ruhe zu ermöglichen.

- Kindergarten: Zehn Jahre lang fand man mich jeden Montag und Mittwoch im Kindergarten in Zeven. Ich las den Kleinen vor und war für manchen kleinen Kummer da. Manche Kinder brauchten einfach nur jemanden, der sie in den Arm nimmt. Ich hatte mir vorgenommen, diese liebgewonnene Tätigkeit mit Ende 80 zu beenden. Leider kam mir Corona zuvor und sorgte für ein plötzliches Ende ganz ohne Abschied.

Brief an die Älteren

Im Jahr 2000 verfasste ich diesen Text für den Gemeinde-brief in Sittensen. Heute, wo ich selbst zu den „Älteren" gehöre, gefällt er mir gut als Schlusswort zu meinem Lebensbericht.

Liebe ältere Gemeindemitglieder,

ja, wie ist das denn so, sind Sie alt? Seit wann fühlen sie sich alt? Wann fing denn das an, wann sagten Sie sich das erste Mal: „Ich glaub, ich fang' an alt zu werden?

Als Jugendliche erzählte ich einst meiner Mutter: „Heute saß ich neben einer alten Frau im Bus." Meine Mutter fragte: „Wie alt war denn die Frau?" „Ach, so ungefähr zwischen fünfzig und sechzig", meinte ich. Meine Mutter war entsetzt. „Was, du hältst mich für alt?"

Inzwischen bin ich in diesem Jahr sechzig geworden. Meine Mutter ist im sechsundneunzigsten Lebensjahr. Meine Mutter war mir bis fünfundsechzig immer als alt vorgekommen, aber danach erschien sie mir immer jün-ger. Wir haben es beide nicht immer leicht gehabt. Meine Mutter ist vor elf Jahren nach einer langen glücklichen Ehe Witwe geworden, und ich wurde mit vierunddreißig Jahren von meinem lieben Mann durch den Tod getrennt. Beide haben wir noch etwas gemeinsam: Meine Mutter und ich, wir besitzen einen sehr gesunden Optimismus und den festen Glauben: Wenn Gott eine Tür zuschlägt dann öffnet er ein Fenster!

Gottvertrauen – das tägliche Gebet ist mir von Kindheit an zum Bedürfnis geworden. Als mein Schweizer Paten-sohn mit fünfzehn Jahren in Schweden konfirmiert wurde und meine Freundin sagte: „Aber an Gott glauben kann er nicht", war ich sehr traurig und meinte, dann soll er sich ehrlicherweise nicht konfirmieren lassen. Ich betete und Gott ließ mich einen Brief schreiben Ich habe nie mit Phillip über den Brief gesprochen. Die Konfirmation war ein schönes Erlebnis und an Weihnachten las uns mein Patensohn aus der Bibel die Weihnachtsgeschichte vor. Ich freute mich über diese Geste. Später freuten sich meine Eltern immer, wenn meine Freunde auf der Fahrt von der Schweiz nach Schweden oder umgekehrt bei ihnen übernachteten. Und einmal sagte mein Vater: „Es ist so schön, dass die Kinder nie ohne Bibelgeschichte und Gebet ins Bett gebracht werden, egal wie spät es ist." Für mich war es eine schöne Bestätigung, dass mein Patenamt doch Frucht getragen hat

Das Gebet mit den Kindern finde ich so wichtig Es ist schade, dass auch in so vielen Familien das Tischgebet fehlt. Ich sehe es als Bereicherung an, vor allem auch für den Seelenfrieden. Durch das Gebet bekommen wir Antworten auf unsere Fragen, im Gebet können wir uns alles von der Seele reden, unser Seelenarzt guckt nicht auf die Uhr und sagt: „Ihre Zeit ist leider um, kommen sie nächste Woche wieder um die gleiche Uhrzeit."

Wenn Sie Gelegenheit haben, mit ihren Kindern und Enkelkindern ein gutes Gespräch zu führen, vielleicht sich etwas von der Seele zu reden, etwas was sie schon lange bedrückt, dann tun sie es. Das ist Seelenfutter.

Vor vielen Jahren, als meine Seele nicht nur Appetit zeigte, sondern richtig hungrig war, da bin ich an einem Wochenende schnell mal zu meinen Eltern gefahren und habe ein langes fruchtbares Gespräch mit meiner Mutter geführt. Als ich nach fast 1000 Kilometern wieder daheim in Sittensen war, freute ich mich über den Seelenfrieden. Die lange Fahrt am kurzen Wochenende hatte sich gelohnt. Je älter man wird, umso wichtiger ist es, dass man sich sagen kann: „Ach, war das Gespräch gut, es war Balsam für die Seele."

Ist man mit der Seele im Einklang, kann man gelassen dem Ende des Erdendaseins entgegensehen.

Ihre Waltraud Büschgen

Noch'n Gedicht

Von meiner Mutter, der damals 91-jährigen Lina Spiegel
für die Zevener Zeitung

Jüngst war ich im Seniorenheim –

Viel Leut' warn da, ich war also nicht allein!

Es wurde gesungen, gespielt und gelacht

Und allerlei lustige Sachen gemacht.

In Lampertheim bin ich nun ganz zu Haus,

Meine Tochter zieht mich an und aus.

Und wenn ich sonstwie Hilfe brauch'

Hilft sie mir auch.

Wir spielen oft auf der Veranda

Mit der Nachbarin Amanda.

Leider bin ich zu nichts zu gebrauchen.

Weil die Glieder, Nerven usw. nicht viel taugen

Heute muss ich ehrlich sagen

Aber nichts hab' ich zu klagen.

Mir geht's gut.

Ich verlier nicht den Mut.

Ich hoff', den Kindern bin ich nicht im Wege

Leider bin ich angewiesen ganz auf ihre Pflege!

Auf ein langes Leben schaue ich zurück

Ich muss sagen – ich hatte immer Glück.

Alle waren gut zu mir

Ich dank dem lieben Gott dafür!

Dank

Zunächst möchte ich meinen Mitschülerinnen danken, die seit 1980 jedes Jahr im September eine Woche im Bildungsurlaub in Hermannsburg meine Freundinnen waren.

Sie baten mich immer wieder: „Waltraud, dein Leben war so bewegt und vielfältig, warum schreibst du nicht deine Biografie?".

Und ich antwortete immer: „Ich habe keine Kinder oder Enkelkinder. Für wen soll ich schreiben?"

„Für uns! Wir alle werden das Buch lesen!"

Ja, diesen September 2021 habe ich euch überrascht: Das Buch ist fertig!

Mein Dank gilt vor allem auch meiner Co-Autorin Silwen Randebrock. Ohne ihre Hilfe hätte ich mich nicht an das Projekt herangetraut. Ich fühlte mich mit dem, was ich erzählen wollte, bei ihr bestens aufgehoben. Danke für Ihre Geduld!

Dies ist ein Buch von

Biografie
www.DeineBiografie.com

FSC
www.fsc.org
MIX
Papier | Fördert
gute Waldnutzung
FSC® C083411

Zeitfracht Medien GmbH
Ferdinand-Jühlke-Straße 7
99095 Erfurt, Deutschland
produktsicherheit@kolibri360.de